MARCO POLO

Jordanien

Reisen mit Insider

Diesen Reiseführer schrieb Andrea Nüsse, Korrespondentin des »Tagesspiegels« für die arabische Welt seit 2001 in Amman und seit 2004 in Kairo.

www.marcopolo.de

Infos zu den beliebtesten Reisezielen im Internet, siehe auch Seite 96

SYMBOLE

MARCO POLO INSIDER-TIPPS:
Von unserer Autorin für Sie entdeckt

★ **MARCO POLO HIGHLIGHTS:**
Alles, was Sie in Jordanien kennen sollten

HIER HABEN SIE EINE SCHÖNE AUSSICHT

WO SIE JUNGE LEUTE TREFFEN

PREISKATEGORIEN

Hotels

€€€	über 60 Euro
€€	23–60 Euro
€	unter 23 Euro

Die Preise gelten für ein Doppelzimmer pro Nacht mit Frühstück.

Restaurants

€€€	über 20 Euro
€€	6–20 Euro
€	unter 6 Euro

Die Preise gelten für eine Hauptmahlzeit mit alkoholfreiem Getränk.

KARTEN

[108 A1] Seitenzahlen und Koordinaten für den Reiseatlas Jordanien

[U A1] Koordinaten für die Amman-Karte im hinteren Umschlag

[O] außerhalb des Kartenausschnitts

Eine Karte zu Petra finden Sie auf Seite 114/115.

Zu Ihrer Orientierung sind auch die Orte mit Koordinaten versehen, die nicht im Reiseatlas eingetragen sind.

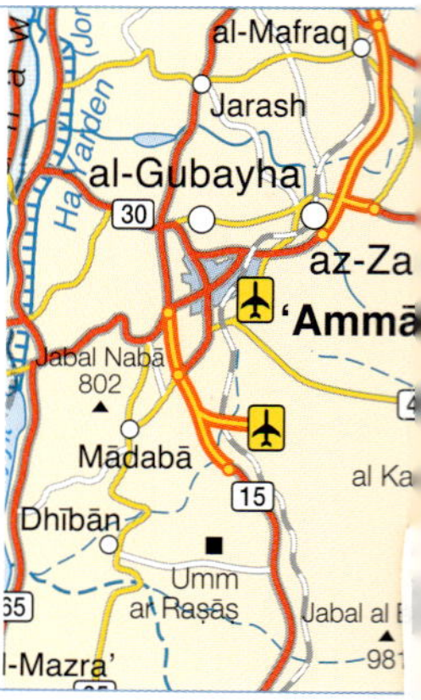

GUT ZU WISSEN

INHALT

Die wichtigsten MARCO POLO Highlights

Sehenswürdigkeiten, Orte und Erlebnisse, die Sie nicht verpassen sollten

1. **Jebel al-Qalaa (Zitadelle)**
Ruinenfeld mit Omayyaden-Palast und prächtigem Blick auf die Altstadt von Amman (Seite 29)

2. **Römisches Theater**
Das restaurierte Theater in der arabischen Altstadt von Amman zeugt vom Schnittpunkt der Kulturen (Seite 30)

3. **Qala'at ar-Rabad**
Die Burg Ajlun, das monumentale arabische Bergschloss aus der Kreuzritterzeit, lockt mit traumhafter Aussicht (Seite 39)

4. **Umm Qais (Gadara)**
Hervorragender Aussichtspunkt in antiken Ruinen im Dreiländereck Jordanien, Israel und Syrien (Seite 41)

5. **Jerash**
Einmalig gut erhaltene Römerstadt, in der im Sommer Festspiele veranstaltet werden (Seite 42)

6. **Qasr Amra**
Ein kleines architektonisches Juwel ist dieses Schloss in der östlichen Wüste Jordaniens (Seite 49)

7. **Taufstätte Jesu (Al-Maghtas)**
Nach neuesten Forschungen wurde Jesus auf östlicher Seite des Jordans getauft (Seite 55)

Felsenbrücke im Wadi Rum

Das Südtheater in Jerash

Unterwasserwelt vor Aqaba

8 Totes Meer
Auch Nichtschwimmer gehen in diesem Binnensee am tiefsten Punkt der Erde nicht unter (Seite 56)

9 Dana
Das historische Dorf ist Ausgangspunkt für Wanderungen im gleichnamigen Naturschutzgebiet, das eine grandiose Canyonlandschaft bietet (Seite 61)

10 Festung Karak
Mächtige unterirdische Säle der Burg erinnern an die Trinkgelage der Kreuzritter (Seite 64)

11 St.-Georgs-Kirche
Madaba ist berühmt für seine frühchristliche Mosaikkunst. In der Kirche findet sich auch die älteste Landkarte Palästinas – als Bodenmosaik (Seite 65)

12 Berg Nebo
Besucher haben hier den gleichen erhebenden Blick wie Moses, als er nach dem Auszug aus Ägypten zum ersten Mal das Gelobte Land erblickte (Seite 66)

13 Petra
Die in den rötlichen Fels gehauene Stadt der geheimnisvollen Nabatäer ist der Höhepunkt jeder Jordanienreise (Seite 68)

14 Wadi Rum
Schroffe Felsen ragen aus dem feinen Sand und machen die kleine Wüste zu einer der schönsten der Welt (Seite 78)

15 Tauchen in Aqaba
Die Riffe des Roten Meeres halten eine einmalige Artenvielfalt bereit (Seite 90)

★ Die Highlights sind in der Karte auf dem hinteren Umschlag eingetragen

Entdecken Sie Jordanien!

Das kleine Königreich lädt ein zu einem Spaziergang durch die Weltgeschichte, einem Bad im Toten Meer und Wüstenabenteuern

Jordanien ist als Reiseland lange unterschätzt worden. Zu Unrecht: Das haschemitische Königreich ist eine kleine Perle – auf engem Raum liegen Zeugnisse der großen europäischen und vorderasiatischen Kulturen nebeneinander. Wie in einer Zeitmaschine können Reisende an diesem »Schnittpunkt der Zivilisationen« die Weltgeschichte bis in ihre Frühzeit zurückverfolgen. Die ältesten Großplastiken der Welt, die Ain-Ghazzal-Statuen mit ihren lebendigen Gesichtern, haben Künstler im 8. Jahrtausend v. Chr. geschaffen. Vom Berg Nebo über dem Toten Meer hat man heute noch einen ähnlichen Blick wie Moses, als er nach seinem Auszug aus Ägypten hier zum ersten Mal das Gelobte Land erblickte. Der Höhepunkt jeder Jordanienreise ist die Felsenstadt Petra, die die Nabatäer ab dem 7. Jh. v. Chr. in den rötlichen Fels geschlagen haben. Griechen, Römer, Christen, Omayyaden und Kreuzritter hinterließen beeindruckende Spuren auf dem Territorium des heutigen Jordanien. Spätestens die Archäologieausstellung »Gesichter des Orients«, die 2004 in Berlin und später in Bonn Aufsehen erregte, hat Jordanien im deutschsprachigen Raum wieder auf die touristische Landkarte gesetzt.

Auf den Spuren der Römer: Säulen des Artemis-Tempels in Jerash

Beduinentradition prägt das Land

Doch Jordanien lädt nicht nur zu einem Spaziergang durch die Weltgeschichte ein, es besitzt auch großartige Naturschätze. Das Land an der Schnittstelle des Mittelmeerraums mit der großen Wüste der Arabischen Halbinsel bietet spektakuläre und kontrastreiche Landschaften. So fasziniert im Süden die Wüste Wadi Rum mit ihrem feinen Sand und den roten Felsen, die grandios in den Himmel aufragen. Sie ist der schönste Teil der Wüste, die 90 Prozent Jordaniens ausmacht und die Bevölkerung geprägt hat. Die Weite und die Einsamkeit

Geschichtstabelle

750–332 v. Chr. Assyrer, Babylonier und Perser

7. Jh. v. Chr.–2. Jh. n. Chr. Nabatäer siedeln im Wadi Araba und beherrschen die Handelswege

3.–1. Jh. v. Chr. Wirtschaftsblüte unter hellenistischer Herrschaft

1. Jh. v. Chr.–636 n. Chr. Römische (bis 4. Jh.) und byzantinische Herrschaft

Ab 636 Arabische Heere erobern die Region. Sieg am Yarmouk-Fluss, Verbreitung des Islam

11. Jh. Erster Kreuzzug, 1099 wird Jerusalem eingenommen

12. Jh. Höhepunkt der kulturellen und militärischen Blüte Arabiens. 1147 beginnt der zweite Kreuzzug, bei dem die christlichen Krieger besiegt werden

1517–1917 Transjordanien ist Teil des Osmanischen Reiches

1914–18 Die Araber kämpfen auf der Seite der Briten gegen die Türken. Aufteilung der Region im Sykes-Picot-Abkommen

1920 Großbritannien erhält das Völkerbundsmandat für Transjordanien, Palästina und Irak

1921 Emir Abdallah wird vorläufiger Herrscher Transjordaniens, sein Bruder Faisal König von Irak

1946 Jordanien wird unabhängig, Emir Abdallah zum König gekrönt

1948 Nach der Gründung Israels fliehen Hunderttausende Palästinenser aus ihrer Heimat über den Jordan. Die arabischen Heere kommen ihnen zu Hilfe, unterliegen jedoch. Jordanien besetzt das Westjordanland und Ost-Jerusalem (Annexion 1950)

1953 Hussein wird nach der Ermordung Abdallahs und der Abdankung seines Vaters Talal König von Jordanien

1967 Jordanien verliert die Westbank und Ost-Jerusalem im Sechs-Tage-Krieg an Israel

1970/71 Die jordanische Armee schlägt die Revolte der Palästinenservertretung PLO blutig nieder (Schwarzer September), die palästinensischen Kämpfer müssen Jordanien verlassen

1988 Jordanien verzichtet zu Gunsten der PLO auf die Westbank

1994 Friedensvertrag mit Israel

1999 Nach dem Tod König Husseins besteigt sein ältester Sohn Abdallah II. den Thron

2003 Die von den USA initiierte Invasion Iraks destabilisiert den östlichen Nachbarn und beendet günstige Erdöllieferungen nach Jordanien

Am tiefsten Punkt der Erde kann man nicht untergehen: das Tote Meer

dieser Landschaft reduzieren alles auf das Wesentliche: schlichte Gesten, keine überflüssigen Worte, Kontrolle der Emotionen. Diese Eigenschaften haben sich in Jahrtausenden herausgebildet, in denen die Menschen sich an die lebensfeindliche Umgebung angepasst haben. Die unaufdringliche, fast zurückhaltende Höflichkeit der Jordanier hat hier ihren Ursprung. Aber auch ihr Ernst, die fehlende Heiterkeit. So gibt es im Ramadan keine Volksfeste bis spät in die Nacht und nach dem Fastenbrechen kein sinnenfrohes Treiben in den Straßen. Die Jordanier feiern zurückhaltend, im Kreis der Familie, im eigenen Haus.

» Jordanien besitzt großartige Naturschätze «

Nur wenige Kilometer vom Wadi Rum entfernt wartet das Rote Meer, das mit seinen Korallenriffen und Fischgründen ein Taucherparadies ist. Das Jordantal, in dessen subtropischem Klima Gemüse angebaut wird, bietet dagegen Grün, so weit das Auge reicht. An seinem südlichen Ende mündet der Jordan in das Tote Meer, das mit 400 m unter dem Meeresspiegel am tiefsten Punkt der Erde liegt. Mit seinem hohen Salz- und Mineraliengehalt zieht es von jeher Touristen an, die aus gesundheitlichen Gründen hierher reisen. Und im Norden findet sich mediterrane Hügellandschaft mit Olivenhainen.

Wenn Jordanien trotz dieser Attraktionen lange von Reisenden ausgelassen wurde, liegt das an der politischen Lage in der Region. Das Image des Pufferstaates zwischen den Krisengebieten Israel/Palästina und Irak leidet unter den instabilen Verhältnissen in den Nachbarstaaten. Doch Jordanien selbst war bis zu den Terroranschlägen auf Hotels in Amman im November 2005 ein

Hort von Stabilität und Sicherheit. Nicht umsonst hat das Weltwirtschaftsforum von Davos Jordanien als Schauplatz seiner Sondertreffen in der Region ausgewählt.

Aber auch Touristen werden in Jordanien wie Staatsgäste behandelt. Die Menschen sind freundlich und hilfsbereit, aber nie aufdringlich. Mit Ausnahme vielleicht bei einem Besuch in Petra werden Sie es nicht erleben, dass eine Meute von Andenkenverkäufern Sie verfolgt oder Kinder Sie anbetteln. Taxifahrer rechnen nach Taxameter ab, und so gibt es kein lästiges Feilschen um den Fahrpreis. Dank des guten Bildungssystems sprechen viele Jordanier Englisch. Straßenschilder sind immer zweisprachig, in Arabisch und Englisch, beschriftet. Damit ist Jordanien ein ideales Ziel auch für Individualtouristen, die selbstständig auf Entdeckungsreise gehen wollen.

»Jordanien ist ein relativ junger Staat«

Das heutige Jordanien ist ein relativ junger Staat, der von den britischen Kolonialherren am grünen Tisch geplant wurde. Sie wollten ihrem Verbündeten Abdallah ein Königreich verschaffen, das Transjordanland, wie das britische Mandatsgebiet damals hieß. Der »kleine König« Hussein, der Enkel von Staatsgründer Abdallah I., hat es über Jahrzehnte verstanden, dem rohstoffarmen Land eine über seine geografische Größe hinausgehende Rolle zu verschaffen. Nach seinem Tod 1999 hat überraschend sein Sohn Abdallah II. die Nachfolge angetreten. Mit der schönen und modischen Königin Rania an seiner Seite, die selbst Palästinenserin ist, ist Abdallah II. ein im Westen beliebter Gast. Im Wirtschaftsbereich hat der König junge Technokraten an die Schalthebel der Macht geholt. Politische Reformen sind bisher allerdings über Ankündigungen nicht hinausgekommen.

Dabei besteht auch in Jordanien, das im Westen gern als arabisches »Musterländle« gesehen wird, Reformbedarf. Groß ist der Gegensatz zwischen Arm und Reich, zumal eine intakte Mittelschicht fehlt. Im Villenviertel Abdoun in West-Amman reihen sich palastartige Wohnhäuser aneinander, es stehen mindestens zwei Autos in der Garage, und die Hausarbeit wird vom Personal übernommen. Trotz der Arbeitslosigkeit im Land meiden Jordanier bestimmte Arbeiten. Die Abkömmlinge der Beduinen halten nichts von der Feldarbeit. So sind die Gärtner in den Villenvierteln und im Jordantal meistens Ägypter. Der konservative Ehrenkodex der Beduinen und des Islam führen außerdem dazu, dass jordanische Frauen nicht in einem fremden Haushalt arbeiten. Es würde sie kompromittieren, wenn sie sich allein mit einem fremden Mann, dem Hausherrn oder dessen Sohn, im Haus befänden. Diese Arbeit übernehmen Frauen von den Philippinen, aus Sri Lanka und Bangladesch. Auch die Kindererziehung wird in der Oberschicht oft in die Hände asiatischer Kindermädchen gelegt. Sie sitzen im Restaurant mit am Kindertisch und betreuen den Nachwuchs an den Swimmingpools der Clubs. Für westliche Augen ist es gewöhnungsbedürftig, wenn Hausmädchen ihren Arbeitgeberin-

Die Hauptstadt Amman wurde ursprünglich auf sieben Hügeln angelegt

nen die Einkaufstaschen in gebührendem Abstand hinterhertragen. Das Zurschaustellen von Reichtum und Hausangestellte als Statussymbol sind ein relativ neues Phänomen in der jordanischen Gesellschaft. Diese Neuerung wurde von den Zehntausenden Jordaniern, die in den 1970er- und 1980er-Jahren in den Golfstaaten ihr Geld gemacht haben, ins Land gebracht.

Im Ostteil der Stadt dagegen lebt meist eine ganze Familie in einem Zimmer, die Häuser sind eng aneinander gebaute, oft unverputzte Betonbauten. Wirkliches Elend sieht man in Jordanien jedoch selten, Slums gibt es nicht. Dies ist dem Fluss von Hilfsgeldern aus dem Ausland zu verdanken, die Jordanien in der Krisenregion stabilisieren und die prowestliche Haltung des Königshauses garantieren sollen. So findet sich in jedem größeren Dorf eine Gesundheitsstation und eine Feuerwehr.

»*Ahlan wa Sahlan – herzlich willkommen*«

Wenn Sie einige Sätze Arabisch lernen, werden sich die Türen und Herzen der Jordanier noch weiter öffnen. Sagen Sie zur Begrüßung ein *Salamu Aleikum,* und erkundigen Sie sich, wie es dem Gesprächspartner heute geht. Viele Jordanier sind freudig überrascht, wenn westliche Ausländer sich für ihre Sprache und Kultur interessieren. Zumal in Zeiten, in denen der Islam von einigen im Westen als Ursache aller Übel der Region gebrandmarkt wird. Entdecken Sie nicht nur die historischen Sehenswürdigkeiten Jordaniens, sondern tauchen Sie auch in die zeitgenössische arabische Welt ein. *Ahlan wa Sahlan* – herzlich willkommen.

Wasta, Nabatäer, Motorräder

Geschichte und Moderne mischen sich in Jordanien auf einzigartige Weise

Jordan River Foundation
Formell ist die Jordan River Foundation *(www.jordanriver.jo)* eine Nichtregierungsorganisation, die sich der Ausbildung und der Schaffung von Arbeitsplätzen für Frauen sowie der Verbesserung der Lebensumstände von Kindern widmet. Eines der größten Projekte liegt in Bani Hamida, wo etwa 450 Frauen aus dem Dorf in einer Teppichweberei arbeiten. Das Kuratorium der Stiftung wird von Königin Rania geleitet, die Grenzen zwischen Zivilgesellschaft und Königshaus verwischen sich hier. Internationale Hilfsgelder fließen reichlich – und mehren gleichzeitig den Ruhm der Königsfamilie.

Königsfamilie
Die jordanische Königsfamilie stammt direkt vom Propheten ab und verwaltete über Jahrhunderte die heiligen Stätten in Mekka und Medina. Daher gehört sie zu den edelsten in der arabisch-islamischen Welt. Im Westen ist die eingeheiratete Königin Rania fast bekannter als ihr Ehemann Abdallah II. Fotos der eleganten Frau, die sich mit Vorliebe von italienischen Designern einkleiden lässt, füllen so manche Seite der Gesellschaftsmagazine. Die Computerspezialistin, die in Kuwait geboren wurde, heiratete 1993 Abdallah und konnte nicht wissen, dass sie eines Tages Königin werden würde: Bis wenige Tage vor dem Tod König Husseins war dessen Bruder Hassan Kronprinz. Doch die eloquente Rania, die ebenso wie Abdallah akzentfrei Englisch spricht, hat sich schnell in ihre neue Rolle eingefunden. Sie fördert nicht nur soziale Projekte und Frauenrechte in Jordanien, sondern sitzt auch im Vorstand des Weltwirtschaftsforums von Davos. Das Paar hat mittlerweile vier Kinder.

Während das Königspaar im Westen beliebt ist, weil es so modern wirkt, hat es im eigenen Land noch nicht die Popularität erreichen können, die König Hussein und Königin Noor besaßen. Zwar hat sich Abdallah II. zu Beginn seiner Regentschaft als einfacher Bürger verkleidet incognito unter das Volk gemischt, um die Arbeit von Behörden oder Krankenhäusern zu erleben. Dennoch vermissen viele Jordanier bei ihm die Bodenhaf-

Zugang zur Nabatäer-Stadt Petra: Steile, hoch aufragende Felswände begrenzen den Siq

Identitätsstiftend: Die Königsfamilie verkörpert Tradition und Fortschritt

tung, die seinen Vater auszeichnete. Königin Noor, die letzte und beliebte Frau König Husseins, spielt im öffentlichen Leben heute kaum noch eine Rolle.

Lawrence von Arabien

Schon zu Lebzeiten eine Legende, ist der britische Abenteurer und Soldat Thomas Edward Lawrence heute in Jordanien fast vergessen. Das mag daran liegen, dass er in seiner Autobiografie »Die sieben Säulen der Weisheit« die haschemitische Dynastie wenig schmeichelhaft beschreibt. Doch im Westen lebt die Legende des Lawrence von Arabien weiter. Spätestens seit dem gleichnamigen Film von David Lean mit Peter O'Toole in der Hauptrolle, der zu großen Teilen in Jordanien gedreht wurde, verbinden viele das Land östlich des Jordans mit dem britischen Abenteurer. Er war als britischer Verbindungsoffizier zur Armee Faisals, des späteren Königs von Irak, gestoßen, dessen Vater Sherif Hussein im Ersten Weltkrieg die große Revolte gegen die Türken ausgerufen hatte. Mit Beuteversprechen und leidenschaftlichem Einsatz trug Lawrence dazu bei, dass die zerstrittenen arabischen Stämme kooperierten und einen effizienten Guerillakrieg führten. Der erste große Sieg war die Einnahme von Aqaba im Juli 1917. Doch die Araber fühlten sich verraten, weil sie von den Briten zum Dank dafür nicht das zuvor versprochene Großreich erhielten.

Motorräder

Motorradfahren ist in Jordanien ein königliches Privileg. Wie sein Vater ist König Abdallah II. ein begeisterter Motorradfan. In einem Werbefilm über Jordanien ist er auf seiner Harley Davidson im Land unterwegs. Doch die Jordanier dürfen weder Motorrad noch Mofa fahren. Anders als in anderen Städten der

Region sind in Amman daher keine knatternden Zweiräder zu sehen oder zu hören. Nur in Ausnahmefällen gibt der König seine Zustimmung zur Zulassung eines Motorrades auf eine Privatperson. Das Nummernschild trägt dann das königliche Wappen. Sonst ist es nur Mitgliedern der Armee und der Polizei gestattet, dienstlich auf Zweirädern unterwegs zu sein. Offiziell heißt es, das Verbot solle Unfälle verhindern. Doch wahrscheinlich geht es zurück auf turbulentere Tage in der jordanischen Geschichte, als von Motorrädern aus Anschläge verübt wurden.

Nabatäer

Die Nabatäer waren ein geheimnisvoller Beduinenstamm, dessen Herrschaftsgebiet sich auf dem Höhepunkt seiner Macht von Damaskus bis zum Sinai erstreckte. Sie ließen sich im 7. Jh. v. Chr. im Königreich Edom, dem heutigen Südjordanien, nieder und beherrschten über Jahrhunderte die Handels- und Karawanenrouten der alten arabischen Welt. Während der Herrschaft des römischen Kaisers Augustus sollen die Nabatäer in einem Jahr 10 000 Kamelladungen (oder 1,5 t) Weihrauch nach Rom transportiert haben. Die friedfertige und egalitäre Gesellschaft schaffte es über Jahrhunderte, zwischen den Großmächten der Region ihre Stellung zu behaupten. Die Stadt Petra war einer der besonders kosmopolitischen Orte der damaligen Welt, wo sich griechische, ägyptische und semitische Kunsteinflüsse mischten. Petra genoss großes Ansehen wegen seiner Architektur und seines raffinierten Kanalsystems zur Wasserversorgung. 106 n. Chr. wurde das Territorium der Nabatäer dem römischen Reich einverleibt, und Petra wurde zur Hauptstadt der römischen Provinz Arabica. Die Karawanenrouten verlagerten sich langsam nach Palmyra (im heutigen Syrien), und der Niedergang der Nabatäer begann. Mehrere Erdbeben (365 und 746 n. Chr.) ließen die Menschen aus Petra fliehen. In Vergessenheit geraten, wurde die Felsenstadt erst 1812 vom Schweizer Johann Ludwig Burckhardt wieder entdeckt.

Politik

Die westlichen Allüren und die Reformversprechen König Abdallahs II. lassen leicht den Eindruck entstehen, Jordanien sei auf dem Weg der politischen Demokratisierung. Doch der König hat eine einzigartige Machtfülle, von der er bisher nichts abgegeben hat. Der König ist de facto der Herr von Exekutive und Legislative. Die ungerechten Wahlkreiszuschnitte sorgen dafür, dass loyale Stammesvertreter das Parlament beherrschen. Die Mitglieder der zweiten Kammer, des Senats, wählt der König selbst aus. Er ist Oberbefehlshaber der Armee und ernennt die Richter. Von 2001 bis 2003 regierte Abdallah II. ohne Parlament per königliches Dekret. Neuwahlen verschob er mehrfach, weil er den Zeitpunkt für ungünstig hielt. Die Medien sind größtenteils in staatlicher Hand. Auch nach der Abschaffung des Informationsministeriums wandern Journalisten wegen unliebsamer Artikel weiterhin ins Gefängnis. Parteien sind zwar seit 1992 zugelassen, werden aber streng vom Staat kontrolliert und konnten keine Anhängerschaft gewinnen.

96 Prozent der jordanischen Bevölkerung sind sunnitische Muslime

Religion

Anders als Libanon oder Irak muss Jordanien nicht zwischen vielen Religionsgemeinschaften einen Ausgleich finden. 96 Prozent der Bevölkerung sind sunnitische Muslime. Schiiten finden sich nur unter den Irakern, die jedoch keine jordanische Staatsbürgerschaft haben. Etwa 4 Prozent sind Christen. Dank der religiösen Toleranz des Königshauses und ihrer Loyalität gegenüber der Monarchie erfreuen sie sich einer herausgehobenen Stellung in Wirtschaft und Politik; so stellen sie oft den Außen-, Justiz- oder Finanzminister. Anders als in anderen Ländern der Region hat es in Jordanien niemals jüdische Gemeinden gegeben. Die haschemitische Königsfamilie führt ihren Stammbaum auf den Propheten Mohammed zurück, dem die heilige Schrift, der Koran, offenbart wurde.

Wasser

Jordanien gehört zu den zehn wasserärmsten Ländern der Welt. 90 Prozent des Landes sind Wüste. Zwar ist der tägliche Wasserverbrauch mit durchschnittlich 83 l pro Kopf einer der niedrigsten der Region – »an der Hygienegrenze«, wie der jordanische Experte Salameh Elias es nennt. In Israel liegt der Verbrauch bei 275 l pro Kopf. Doch wegen des raschen Bevölkerungswachstums wird Jordanien dennoch im Jahr 2020 ein Wasserdefizit von etwa 408 Mio. m^3 haben. Schon heute werden nur einmal wöchentlich die Wassertanks auf den Häusern vom Staat gefüllt. Im Sommer herrscht regelmäßig Wassermangel. Die Regierung investiert zwar seit Jahren in den Wassersektor: Staudämme werden gebaut, die Regenwasser auffangen, das Wasser- und Abwassermanagement wird verbessert. Noch vor

Jahren gingen in den maroden Wasserleitungen Ammans bis zu 60 Prozent des kostbaren Guts verloren. Doch noch immer begünstigt die Preispolitik die Landwirtschaft, die einen Löwenanteil des Wassers verbraucht, aber nur 3,5 Prozent zum Bruttosozialprodukt beiträgt. Das Abpumpen nicht erneuerbarer Wasserreservoire führt zu Versalzung und anderen Umweltschäden.

Wasta

Das ist die nahöstliche Variante des »Vitamin B«. Dabei werden meist Beziehungen zu Verwandten oder Bekannten genutzt, um eine Stellung im öffentlichen Dienst oder einen Studienplatz zu bekommen, ein Problem mit den Behörden zu regeln oder einen Geschäftsauftrag zu erhalten. Diese Praxis ist aus dem traditionell geprägten Wertesystem hervorgegangen: Die Loyalität gegenüber dem Stamm oder der Großfamilie ist größer als die gegenüber Staat und Nation. Ohne das schützende Netz des Clans ist das Individuum schwach. Dieses System verhindert jedoch sozialen Aufstieg: Oft entscheidet nicht die Leistung, sondern der Einfluss der Familie darüber, wer einen Arbeitsplatz bekommt. Das frustriert viele gut qualifizierte junge Leute, die an den Golf oder in den Westen auswandern. Auch der Zugang zu wichtigen politischen Ämtern ist auf eine begrenzte Zahl von Familien beschränkt. Abdallah II. hat dieses Muster aufgebrochen und im Wirtschafts- und IT-Bereich junge Fachleute auf Grund ihrer Leistung an seine Seite geholt. Dennoch bildet *wasta* weiterhin ein Fundament der jordanischen Gesellschaft.

Ein Land, zwei Bevölkerungen

Die Mehrheit der Jordanier ist palästinensischer Herkunft – ein heikles Thema

Jordanien hat ein Identitätsproblem. Darüber kann auch der 166 m hohe Fahnenmast, an dem die jordanische Flagge weithin sichtbar über der Hauptstadt flattert, nicht hinwegtäuschen. Die Gründung Israels 1948 brachte das Gleichgewicht des jungen Staates völlig durcheinander. Etwa 100 000 Palästinenser flohen aus ihrer Heimat in das Nachbarland. Der Anteil der palästinensischstämmigen Bevölkerung Jordaniens wird heute auf mehr als die Hälfte der 5 Mio. Einwohner geschätzt. Offizielle Statistiken gibt es nicht, das Thema ist politisch brisant und wird gern totgeschwiegen. Denn lange hatten israelische Politiker erklärt, die Palästinenser bräuchten keinen eigenen Staat, weil sie in Jordanien bereits eine Heimstatt hätten. In Jordanien sind die Palästinenser besser integriert als in den anderen arabischen Staaten: Sie besitzen die jordanische Staatsbürgerschaft und beherrschen das wirtschaftliche Leben des Landes. Hohe Armee- und Staatsposten werden ihnen allerdings nach wie vor verweigert.

Hammelkopf mit Ziegenmilch

Das Nationalgericht Mansaf ist zwar gewöhnungsbedürftig, doch die köstlichen Vorspeisen gibt es überall

Als politische Einheit gibt es die arabische Welt trotz aller Beschwörungen nicht. Aber gastronomisch haben alle Länder der Region viele Gemeinsamkeiten. So finden Sie in Jordanien die klassische levantinische Küche, die sich in Libanon und Syrien herausgebildet hat. Sie besteht zuallererst aus den berühmten kalten und warmen Vorspeisen, den *mezze.* Diese Auswahl von Salaten, Gemüsepürees und Fleischstücken wird in der Mitte des Tisches in kleinen Schälchen serviert, aus denen sich jeder bedient. Dies unterstreicht den sozialen Charakter des Essens, zu dem in Jordanien oft die gesamte Großfamilie zusammenkommt. Fladenbrot ist fester Bestandteil jeder Mahlzeit und wird wie ein Löffel benutzt: Man nimmt mit einem Stück Brot etwas Speise auf und führt sie zum Mund. Oder Sie benutzen die langen, festen Salatblätter, *khass* genannt, zum Dippen. Bei einer privaten Einladung wäre es unangebracht, sich mit der Gabel eine Portion auf seinen eigenen Teller zu platzieren. Im Restaurant hingegen geht das durchaus. Besucher sind oft überrascht, wenn sie sehen, wie der Tisch sich unter den verschiedenen Vorspeisen biegt. Da die *mezze* nicht nur köstlich, sondern auch sättigend sind, können Sie zunächst nur Vorspeisen bestellen und erst dann entscheiden, ob Sie noch ein Hauptgericht ordern wollen. Diese Variante ist gerade auch für Vegetarier sinnvoll, denn das Hauptgericht besteht in Jordanien meist aus gegrilltem Fleisch mit Reis. Frischen Fisch gibt es hauptsächlich in Aqaba; sonst wird er meist tiefgefroren aus Jemen oder Saudi-Arabien importiert.

Das Nationalgericht Mansaf: ein Berg Reis mit Hammelfleisch und Ziegenmilchsauce

Wenn sich die Gelegenheit ergibt, sollten Sie unbedingt das jordanische Nationalgericht *mansaf* probieren. Dieses Beduinengericht finden Sie in keinem anderen arabischen Land. Es hat über seinen kulinarischen Genuss hinaus nationalen Symbolcharakter in einem Land, das noch immer auf der Suche nach seiner Identität ist. Es ist wirklich unverwechselbar: ein Berg Reis, auf dem verteilt die verschiedenen Teile des Hammels liegen. Auf der Spitze des Reisberges thront gewöhnlich der Schädel des

Jordanische Spezialitäten

Lassen Sie sich diese Köstlichkeiten gut schmecken!

Speisen

Attaif – Ramadanschmaus, mit Nüssen oder Käse gefüllt

Aurak einab – Weinblätter, gefüllt mit Reis und/oder Hackfleisch und Gewürzen

Baba ghanush – Püree aus gegrillten Auberginen

Baklawa – mehrere Lagen dünner Teig, mit gehackten Nüssen und süßem Honigsirup überzogen

Falafel – frittierte Gemüsebällchen in Fladenbrot mit Salat

Ferach meschwi – gegrilltes halbes Huhn

Ful – große braune Bohnen mit Knoblauch, Öl und Zitronensaft

Hummus – Kichererbsenbrei mit Sesamöl und Zitronensaft

Kibda – kleine Stücke gegrillter Hühnerleber

Kofta – Hackfleischbällchen

Kubba (Kibbe) – Frikadellen aus Bulgur (gekochter, getrockneter Weizen) mit Pinienkernfüllung

Kursa mahshi – mit Reis gefüllte Zucchini

Ma'amul – trockenes Gebäck mit Nüssen oder Datteln

Mansaf – Reis mit Ziegenmilchsauce und Hammelfleisch

Mohallabiya – Milchpudding mit Rosen- oder Orangenblütenwasser

Mutabbal – Auberginenpüree mit Sesamöl und Joghurtcreme

Sambusak – kleine Blätterteigpasteten, mit Hackfleisch, Käse oder Spinat gefüllt

Shawarma – Hammelfleischgyros, der arabische Döner

Shish kebab – Hackfleischspieße vom Grill

Shish taouk – gegrillte Hähnchenstücke auf einem Spieß

Tabuleh – Weizenschrotsalat mit fein gehackten Zwiebeln, Tomaten und viel Petersilie

Getränke

Assir burtuqal – frisch gepresster Orangensaft

Assir lamun – frischer Limonensaft

Qahwa masbut – türkischer Kaffee, oft mit Kardamom gewürzt

Sahlab – heißes Milchgetränk mit Pistazien, Zimt und Rosenwasser

Shay – Tee mit viel Zucker und auf Wunsch mit frischer Minze *(shay bil na'ana'a)*

Tieres, die leeren Augenhöhlen auf die Esser gerichtet. Für westliche Besucher ist das gewöhnungsbedürftig. Getränkt ist der Reis mit einer Sauce aus Ziegenmilch. Diese wird zunächst getrocknet und im Laden in Kugeln in der Größe eines Tennisballs verkauft. Die getrocknete Milch wird dann unter Zugabe von Joghurt wieder flüssig gemacht und gibt dem Reis seinen besonderen, oft recht strengen Geschmack.

Doch *mansaf* ist eben kein Essen wie jedes andere – auch für seinen Verzehr gelten besondere Regeln. Sie erinnern an die beduinischen Ursprünge des Gerichtes und darüber hinaus des gesamten Landes, das sich zumindest in der Hauptstadt gern einen westlichen, amerikanischen Anstrich gibt. Besucher können getrost ihre guten Manieren vergessen und die Ärmel hochkrempeln: Traditionell wird *mansaf* mit der Hand gegessen. Die rechte Hand wird zu einer kleinen Schaufel gekrümmt; damit gräbt man sich in den Reisberg und holt sich eine Portion, die man in den Mund schaufelt. Allerdings sollten Sie mit der Hand nicht den Mund berühren. Wenn man Pech hat, ist die Ziegenmilchsauce zu flüssig und läuft am Handgelenk herunter. Anschließend nehmen Sie ein Stück Fleisch in die Hand. Und am Ende geht es zum Händewaschen. In Restaurants wird das Gericht allerdings selten angeboten. Wird es portionsweise auf dem Teller gereicht, sind auch Messer und Gabel erlaubt.

Als Getränke sind frische Säfte (Orange oder Limone), sowie Wasser zu empfehlen. Oder ein milder Trinkjogurt, *laban.* In vielen Restaurants gibt es allerdings nur eine Auswahl von Softdrinks wie Miranda, Fanta oder Cola, die in Jordanien überaus beliebt sind. Nach dem Essen gibt es Tee mit frischer Minze oder Kaffee. Alkohol ist in den meisten Hotels und europäischen Restaurants erhältlich. Aber es gibt auch einige westliche Restaurants, die keinen Alkohol ausschenken. Wenn Sie Wert auf ein Glas Wein zum Essen legen, sollten Sie immer gleich danach fragen, ob Alkohol ausgeschenkt wird. Während des Fastenmonats Ramadan ist dies ausschließlich in den großen Hotels der Fall. Das Bier Amstel wird in Lizenz in Jordanien hergestellt, es ist leicht und gut trinkbar. Daneben gibt es importiertes Dosenbier. Lokale Weine kommen aus dem Gebiet um die christlich geprägte Stadt Madaba, wo der rote Saint George zu empfehlen ist. Die Qualität der anderen Weine, einschließlich der aus Israel und Palästina eingeführten, ist mäßig. Wenn Sie einen libanesischen Wein aus den Weingütern Kefraya oder Ksara auf der Karte sehen, sollten Sie diesen wählen. Diese Weine sind hervorragend, aber wie alle Importgüter in Jordanien auch entsprechend teuer.

Insider Tipp

Dafür gibt es allerlei Süßspeisen in Jordanien: Honigsüß und kalorienreich kommen sie daher, die *baklawa,* ein Nussstrudel mit viel Honig, oder die *konafa,* ein Kuchen aus gebackenen Fadennudeln mit Nüssen und Sirup. *Attaif* sind kleine, mit Nüssen oder einer Art Ricottakäse gefüllte Crêpes. Sie sind eine Spezialität des Fastenmonats Ramadan, aber in der Altstadt Ammans gibt es den Bäcker Abu Ali, der die beliebte Süßspeise das ganze Jahr über herstellt.

Sandflaschen und Badesalz

Nach Mitbringseln und Andenken müssen Sie in Jordanien regelrecht suchen

Da Jordanien keine mittelalterliche Stadtkultur hatte, in der sich über Jahrhunderte hinweg das Handwerk hätte entwickeln können, gibt es im Königreich wenig authentisches Kunsthandwerk. Das originellste Andenken sind die mit farbigem Sand gefüllten Flaschen. Diese zeigen oft Kamel- oder Oasenmotive, Sie können sich aber auch Ihren Namen schreiben lassen. Ein anderes altes Handwerk ist die Mosaikkunst aus Madaba. Nach alten Tier- und Pflanzenmotiven werden noch immer z. B. Tischplatten und Tabletts gefertigt. Leider sind die meisten dieser Werke sehr schwer und für den Transport ungeeignet, doch es werden auch Wandteller und Spiegelrahmen hergestellt, die sich als Souvenir mit nach Hause nehmen lassen.

Die einzige Teppichproduktion des Landes ist die des Stammes der Bani Hamida. In Werkstätten der Jordan River Foundation weben die Frauen bei Madaba wunderbare Teppiche in geschmackvoll nuancierten Farben – hier wurde das Kunsthandwerk an den Geschmack der Moderne angepasst. Ein Exportschlager sind auch Schönheitsmittel, die aus Naturprodukten des Toten Meeres hergestellt werden: Badesalz, Masken aus getrocknetem Schlamm und Cremes. Allerdings sind diese Produkte in deutschen Drogeriemärkten oft billiger als in Jordanien.

Das originellste Souvenir sind die kunstvoll mit farbigem Sand gefüllten Flaschen

In Antiquitäten- und Trödelläden finden Sie wunderbare Holztruhen, Backgammonspiele oder Schmuckdosen mit Intarsien, größtenteils in Syrien hergestellt, doch ein sehr schönes Mitbringsel. Gold und Silber sind meistens billiger als in Europa – allerdings lieben jordanische Frauen verschnörkelten Schmuck. Wenn Sie aber ein Modell oder ein Foto mitbringen, können Ihnen die Goldschmiede wunderbare Nachahmungen anfertigen. Insider Tipp

Handeln ist Ehrensache, und auch Touristen sollten sich darin üben, zumal Jordanien ein relativ teures Pflaster ist. Betonen Sie, dass Sie gleich drei Halstücher kaufen, und fordern Sie einen anständigen Preis. Wichtig ist, dass Sie entschlossen auftreten und sich notfalls umdrehen, um das Geschäft sausen zu lassen. Sie können relativ sicher sein, dass man Ihnen entgegenkommt.

Feste, Events und mehr

Musik im römischen Theater und Prophetengeburtstag

Die Arbeitnehmer in Jordanien haben kaum geregelte Urlaubszeiten – und so sichern die zahlreichen religiösen und nationalen

Eine Moschee in Amman

Feiertage ihnen Erholung. Insbesondere am *Eid al-Fitr* zum Abschluss des Fastenmonats *Ramadan* und zum mehrtägigen Opferfest *Eid al-Adha* fahren die Menschen mit der Großfamilie an das Rote Meer oder an das Tote Meer. Da Hotels und Restaurants dann überfüllt sind, sollten Touristen ihren Besuch an diesen Orten möglichst außerhalb dieser Zeiten planen. Auch der Ramadan ist für Reisende nicht unbedingt zu empfehlen. Die Jordanier begehen die Feiertage beschaulich im Kreis der Familie zu Hause. Viele Restaurants sind daher nicht nur tagsüber, sondern gleich den ganzen Monat lang geschlossen. Auch Öffnungszeiten sind reduziert. In den großen Hotels und Touristeneinrichtungen läuft der Betrieb allerdings normal weiter. Höhepunkt des kulturellen Lebens in Jordanien ist das internationale *Jerash-Festival.* Das etwa zweiwöchige Festival erweckt die römischen Theater nördlich von Amman zu neuem Leben. Wenn Ihnen Jerash für einen Abendausflug zu weit entfernt ist, sollten Sie sich beim *Souk Ukaz* eines der stimmungsvollen Konzerte im römischen Theater von Amman anhören.

Feiertage

1. Jan. *Neujahr;* **30. Jan.** *Geburtstag König Abdallahs II.;* **1. Mai** *Tag der Arbeit;* **25. Mai** *Tag der Unabhängigkeit;* **14. Nov.** *Geburtstag König Husseins;* **25. Dez.** *Weihnachten*

Religiöse Festtage

Die religiösen Feiertage verschieben sich jährlich nach vorn, da sie nach dem Mondkalender berechnet sind. Auch können die Termine von den

hier angegebenen Daten um ein bis zwei Tage abweichen, da ihr Beginn bei Neumond mit bloßem Auge bestimmt wird.
Ramadan: Islamischer Fastenmonat, in dem von Sonnenaufgang bis Sonnenuntergang nicht gegessen und getrunken werden soll. Beginn: 24. Sept. 2006, 13. Sept. 2007, 2. Sept. 2008
Eid al-Fitr: Drei- bis viertägiges Fest am Ende des Ramadan. Beginn: 24. Okt. 2006, 13. Okt. 2007, 2. Okt. 2008
Eid al-Adha: Fünftägiges Opferfest, das an die Bereitschaft Abrahams erinnert, seinen Sohn zu opfern. Jeder Muslim, der es sich leisten kann, soll ein Schaf schlachten und es mit Bedürftigen teilen. Beginn: 31. Dez. 2006, 20. Dez. 2007, 9. Dez. 2008
Moulid al-Nabi (Prophetengeburtstag): 11. April 2006, 31. März 2007, 20. März 2008
1. Muharram (Islamisches Neujahr): 31. Jan. 2006, 20. Jan. 2007, 9. Jan. 2008
Eid al-Isra'wal Miraj (nächtliche Himmelfahrt des Propheten): 21. Aug. 2006, 10. Aug. 2007, 31. Juli 2008

Feste und Veranstaltungen

Juli

Insider Tipp *Fuheis-Festival:* Eine Nummer kleiner als das Jerash-Festival, aber sehr sympathisch ist das sommerliche Kulturfest des Dorfes Fuheis (eine halbe Stunde außerhalb von Amman). Anfang Juli ist der christliche Ort mit seinen historischen Häusern bis tief in die Nacht belebt: Auf verschiedenen Freilichtbühnen werden Theater und Musik geboten, die zahlreichen Kunstgalerien sind bis spätabends geöffnet. *Auskunft Tel. 06/472 92 09*

Juli/August

★ *Jerash-Festival:* Konzerte, Tanz, Folklore und Lesungen unter freiem Himmel in historischer Kulisse bietet das jährliche Sommerfest in Jerash, das 1981 von Königin Noor, der Ehefrau König Husseins, ins Leben gerufen wurde und Künstler aus der gesamten arabischen Welt anzieht. *www.jerashfestival.com.jo*

Anfang September

★ *Souk Ukaz Amman:* Das Festival bringt seit dem Jahr 2000 international anerkannte Künstler aus Afrika, der arabischen Welt und Amerika nach Amman. Das von Königin Rania initiierte Festival ist auf dem besten Weg, dem Jerash-Festival den Rang abzulaufen. *Auskunft Tel. 06/565 83 47, Fax 565 83 57*

Konzert beim Jerash-Festival

Zwischen Moderne und Tradition

Eine der ältesten Städte der Welt lockt heute mit erstklassigen Restaurants und Cafés

Karte in der hinteren Umschlagklappe

Für die Reisenden, die per Flugzeug ankommen, ist Amman **[108 C5]** der Ausgangspunkt einer Rundfahrt durch Jordanien. Zwar gibt es in der Stadt nur wenige historische Sehenswürdigkeiten, doch lassen sich von hier aus gut auch Tagesausflüge unternehmen, beispielsweise an das Tote Meer, nach Jerash oder zu den Wüstenschlössern. Auch Kurzausflüge bieten sich an: Im nahe gelegenen Fuheis können Sie einen Galerienbummel mit einem Mittagessen an lauschigem Ort verbinden. Oder Sie tauchen in das Grün des Wadi as-Sir ein und erkunden das hellenistische Schloss Qasr al-Abd bei Iraq al-Amir.

Wer sich Amman als typisch orientalische Stadt mit einem Gewirr von Gassen in der Altstadt und Bazar vorstellt, wird erstaunt sein. Amman ist eine der modernsten und saubersten Hauptstädte der Region. Die Häuser sind mit hellem oder rötlichem Kalkstein verschalt, was der Stadt ein ungewöhnlich einheitliches Erscheinungsbild gibt.

Die Abdallah-Moschee in Amman mit ihren blau gefliesten Kuppeln ist die größte Moschee der Stadt

Amman – eine moderne Hauptstadt

Mit Ausnahme einiger Hotels gibt es keine Hochhäuser. Dafür breitet sich die Stadt mit ihren 2 Mio. Einwohnern, die ursprünglich auf sieben Hügeln angelegt wurde, ständig in alle Richtungen aus und bedeckt mittlerweile etwa zwanzig Hügel. Abgesehen vom angeblich höchsten Fahnenmast der Welt gibt es nur wenige markante Anhaltspunkte. Daher ist die Orientierung bei der Berg-und-Tal-Fahrt durch die Stadt zunächst nicht leicht. Von der Zitadelle aus kann man die Entwicklung der Stadt gut erkennen. Eine der Hauptverkehrsadern ist die Zahran Street, die vom 1st Circle, einem Kreisverkehr, bis zum 8th Circle führt.

Das historische Stadtzentrum mit Verwaltungsgebäuden und Banken liegt im Tal unterhalb des 1st

Kolossale Größe: Säulen des Herkules-Tempels auf dem Zitadellenhügel

Circle, von hier aus hat sich die Stadt westlich bis Wadi as-Sir erweitert, das hinter dem 8th Circle liegt. Jede Wegbeschreibung orientiert sich an diesen Kreiseln.

Dass Amman neben Jericho und Damaskus zu den ältesten Städten der Welt gehört, ist schwer zu glauben. Denn abgesehen vom römischen Theater und den Bauten auf dem Zitadellenhügel stammen die ältesten Häuser aus den 1920er-Jahren. Damals wurde die kleine Siedlung Amman zur inoffiziellen Hauptstadt Transjordaniens. Doch erste Spuren menschlicher Ansiedlungen gehen auf das 8. Jahrtausend v. Chr. zurück. Um 1200 v. Chr. war Rabbath-Ammon die Hauptstadt des Reiches der Ammoniter, woher auch der aktuelle Name abgeleitet ist. Bekannter wurde die Ansiedlung als Philadelphia im 3. Jh. v. Chr. unter der Herrschaft Ptolemäus' II.

Amman besitzt eine große Auswahl von Luxushotels und eine kleinere Auswahl einfacherer Unterkünfte. Hervorragende Restaurants, Cafés und Bars mit arabischer und westlicher oder asiatischer Küche bieten auch am Abend Abwechslung. Der Mangel an historischen Sehenswürdigkeiten mag dazu beigetragen haben, dass Amman sich dennoch den Ruf als langweiligste Hauptstadt der Region erworben hat. Der andere Grund ist, dass es in Amman wenig öffentliches Leben gibt. Nur in der so genannten Altstadt rund um die Al-Hussein-Moschee und das römische Theater pulsiert das Leben. Der Rest der modernen Stadt im Westen ist mit seinen großen Highways und Straßen ohne Bürgersteige für Fußgänger völlig ungeeignet. Familienausflüge am Wochenende machen die Jordanier mit Vorliebe in eine der zahlreichen Shoppingmalls.

SEHENSWERTES

Abdallah-Moschee **[U C4]**
Die größte Moschee der Stadt wurde 1989 zur Ehren des ersten Herrschers des modernen Jordanien gebaut. Die große Anlage mit den strahlend blauen, gefliesten Kuppeln ist von weitem sichtbar. Von außen interessanter als von innen. *Abdali, Eintritt frei*

Al-Hussein-Moschee **[U E6]**
Die erst in den 1920er-Jahren von Emir Abdallah errichtete Moschee mit ihren zwei eleganten Minaretten ist das Wahrzeichen der Altstadt. Die Moschee wird von den Jordaniern besonders verehrt, weil an dieser Stelle bereits der zweite Kalif Omar ibn al-Khatib (634–44) eine Moschee errichtete. Um die Moschee herum pulsiert das Leben der Altstadt mit ihren Läden, Restaurants und Cafés. *Al-Hashimi Street*

Jebel al-Qalaa (Zitadelle) **[U E5]**
★ Aus der luftigen Höhe des Zitadellenhügels hat man einen schönen Überblick über die zu Füßen liegende Altstadt mit dem römischen Theater. Bei Sonnenuntergang präsentiert sich Amman in weiches Licht gehüllt, und selbst die modernen Stadtteile wirken poetisch. Von hier oben können Sie auch besonders gut einen Nationalsport der Jordanier beobachten, die Taubendressur. Hunderte von Tauben kreisen am frühen Abend über der Stadt, bevor sie in ihre Taubenschläge auf den Dächern zurückkehren.

Das Gelände besteht hauptsächlich aus Ruinenfeldern verschiedener Epochen. Links vom Eingang liegen die Reste des unter Marc Aurel erbauten *Herkules-Tempels* aus dem 2. Jh. Nur einige kolossale Säulen erinnern noch an die einstige Größe des Bauwerkes. Hinter dem kleinen Museum am Ende eines Ruinenfeldes liegt das beeindruckendste Gebäude, der mächtige *Eingangsraum des Omayyaden-Palastes* aus dem 7. Jh. Das restaurierte Bauwerk ist der einzige Teil des Palastes, der ein Erdbeben kurz nach der Fertigstellung 749 überstand. *Sa–Do 8.30–19 Uhr, Okt. bis*

MARCO POLO Highlights »Amman«

★ **Jebel al-Qalaa (Zitadelle)**
Omayyaden-Palast und römische Ruinen in luftiger Höhe (Seite 29)

★ **Römisches Theater**
Hervorragend erhaltenes Beispiel römischer Architektur aus dem 2. Jh. (Seite 30)

★ **Archäologisches Museum**
Die Ain-Ghazzal-Statuen aus dem 8. Jahrtausend v. Chr. bezaubern mit ihren lebendigen Gesichtern (Seite 30)

★ **Nationalgalerie**
Modernes Gesicht der arabischen Kunst (Seite 32)

März nur bis 16 Uhr, Fr 10–16 Uhr, Eintritt 2 JD, Al-Qalaa

Nymphäum **[U E6]**
Westlich des römischen Theaters liegt der Prachtbrunnen, der Ende des 2. Jhs. errichtet wurde. Heute ist nur noch eine monumentale Steinmauer vorhanden, die in früheren Zeiten die Rückseite des Brunnens bildete. *Hinter der Al-Hussein-Moschee*

Römisches Theater **[U F5]**
★ Dieses hervorragend erhaltene und renovierte Theater im Zentrum der Altstadt ist im 2. Jh. an den Berg Al-Taj gebaut worden. Es konnte 6000 Zuschauer aufnehmen, und seine gute Akustik können Sie bis heute erleben: Im Sommer finden hier Konzerte statt. *Sa–Do 8.30–19 Uhr, Fr 10–16 Uhr, Eintritt 1 JD inklusive Folkloremuseum und Museum für Volkstradition, Al-Hashimi Street*

Villenviertel **[U E6]**
An diesem Stadtviertel aus den 1930er-Jahren am Ende der Rainbow Street, die vom 1st Circle südlich abzweigt, können Sie die neuere Geschichte Jordaniens ablesen. Hier hat die politische Elite des britischen Mandatsgebiets Transjordanien ihre Häuser gebaut, hier steht das Geburtshaus König Husseins (siehe Ausflug Nr. 2). *Jebel Amman*

MUSEEN

Archäologisches Museum **[U E5]**
★ Dieses kleine Museum am Eingang zur Zitadelle lohnt unbedingt den Besuch. Exponate aus 10 000 Jahren Geschichte sind hier ausgestellt. Gleich am Eingang sind in einer Vitrine einige Statuen aus Ain Ghazzal zu sehen, Beispiele der weltweit ältesten Großplastiken in Menschenform aus dem 8. Jahrtausend v. Chr. Die Statuen wurden zufällig beim Bau einer Autobahn

Im römischen Theater finden stimmungsvolle Sommerkonzerte statt

außerhalb Ammans gefunden; ihre Gesichter wirken ungemein lebendig. Sie waren einer der Höhepunkte der Jordanien-Austellung, die 2004/2005 in Berlin und Köln/ Bonn die Besucher begeisterte. Es sind auch Schriftrollen aus den Qumran-Höhlen auf der westlichen Seite des Toten Meeres zu sehen, die als älteste Bibelhandschriften gelten. Die 1952 entdeckten Handschriften wurden von der jüdischen Sekte der Essener angefertigt. Außerdem zeugen mehrere Sarkophage von den Beerdigungspraktiken in der Region um Amman zwischen dem 13. und dem 7. Jh. v. Chr. Ein jordanisches Nationalmuseum, in dem die wertvollen Exponate besser zur Geltung gebracht werden sollen, ist im Bau. *Sa–Do 8.30–19 Uhr, Fr 10–16 Uhr, Eintritt 1 JD, Al-Qalaa*

Blick zurück in die Jahrtausende: Statue aus Ain Ghazzal

sider pp

Königliches Automobilmuseum **[O]**

Es sagt sehr viel über Jordanien aus, dass es sich ein Königliches Automobilmuseum leistet, bevor es ein Nationalmuseum in Angriff nimmt. Das Königshaus ist identitätsstiftend und hält die Gesellschaft zusammen. So wird in der großen Ausstellungshalle die jüngere Geschichte Jordaniens anhand der Autos seiner Herrscher nachgezeichnet. Neben einigen Limousinen von Staatsgründer Abdallah I. sind vor allem die Staatskarossen und Sportwagen des »kleinen Königs« Hussein zu sehen, der über 40 Jahre lang bis 1999 die Geschicke des Landes leitete. Er war ein Mann des internationalen Jetsets und ein Autoliebhaber. Hier ist der Lincoln Capri aus dem Jahr 1952 zu sehen, den König Hussein während seiner Studien in England und bei seiner Paradefahrt durch Amman nach der Thronbesteigung 1953 fuhr. Die historischen Fotos und kurzen Videofilme zeigen den Monarchen beim Besuch der Tscherkessengarde, beim Motorrennen im *Rumman Hill-Climb* und bei der Heimkehr aus den USA von seiner letzten Krebsbehandlung kurz vor seinem Tod 1999. König Abdallah II. ist als Kind auf nachgebauten Sportwagen im Kleinformat zu sehen. *Sa–Mo und Mi 10–19 Uhr, Fr 10–21 Uhr, Eintritt 3 JD, www.royalautomuseum.jo, König-Hussein-Park, Abfahrt von der King Abdullah II. Street (früher Medical City Street), die vom 8th Circle Richtung Irbid führt*

Insider Tipp **Darat al-Funun** [U E5]

Das »kleine Haus der Künste« ist eine Oase in Amman und eines der wenigen Beispiele für Engagement des Privatsektors im Kulturleben. Die Anlage wurde 1993 von der Kulturstiftung der Arab Bank ins Leben gerufen. Der aus mehreren historischen Gebäuden bestehende Komplex bietet einen Ausstellungsraum, Künstlerateliers, eine Bibliothek und einen schönen Garten. Im kleinen Café, das über eine Treppe zu erreichen ist, hat man einen wunderbaren Ausblick. Hier am Springbrunnen kann es Ihnen passieren, dass ein Musiker spontan seine Laute hervorholt und spielt. *Sa–Do 10–19 Uhr, Eintritt frei, www.daratalfunun.org, Jebel Weibdeh, Nimer bin Adwan Street*

Folkloremuseum und Museum für Volkstradition [U F5]

Die beiden ethnologischen Museen befinden sich im römischen Theater. Im Folkloremuseum sind beduinische Gebrauchsgegenstände, Teppiche und Kunsthandwerk zu sehen. Ein Nomadenzelt wurde ebenso nachgebaut wie der Empfangssalon eines reichen Städters. Das rechts liegende Museum für Volkstradition zeigt sowohl palästinensische und jordanische Kleidung als auch Schmuck mit wertvollen Edelsteinen. *Sa–Do 8.30–19 Uhr, Fr 10 bis 16 Uhr, Eintritt 1 JD*

Nationalgalerie [U C5]

★ Amman hat den Ruf, eine kulturelle Wüste zu sein. Doch die im Mai 2005 renovierte und erweiterte Nationalgalerie soll dieses Vorurteil widerlegen. Das Museum ist um einen Skulpturenpark mit Kinderspielplatz und japanischem Garten angelegt. Zu sehen sind moderne arabische Kunst und die Werke westlicher Maler, die sich von der Region inspirieren ließen. Ein schöner Ausflug in die Moderne, nachdem Sie die Altertümer des Landes besucht haben. Restaurant, Café und Museumsshop. *Sa–Mo und Mi 9–19 Uhr, Fr 10–17 Uhr, Eintritt 3 JD, www.nationalgallery.org, Jebel Weibdeh, Park Montezal*

ESSEN & TRINKEN

Abu Ali [U E5] Insider Tipp

Bei Abu Ali können Sie die leckere Nachspeise *attaif* erstehen – kleine, gefüllte Crêpes –, die sonst nur während des Ramadan serviert wird. Nur zum Mitnehmen. *Altstadt, wenn man das Darat al-Funun links liegen lässt und der Straße zur Innenstadt folgt, kommt eine Rechtskurve, in der links eine Treppe abgeht (am Fuß der Treppe)*

Al-Quds Restaurant [U E5]

Einfache, traditionelle arabische Küche und hervorragende Süßspeisen. Eine Institution in Amman für Einheimische und Touristen. *Altstadt, am Anfang der King Hussein Street, kein Tel.,* €

Books@Cafe [U E6] Insider Tipp

Buchladen mit Internetplätzen, wo man secondhand noch Reiselektüre in verschiedenen europäischen Sprachen erstehen kann. Im ersten Stock befindet sich ein Caférestaurant mit großer Terrasse und weitem Ausblick, wo sich die kosmopolitische Jugend der Mittelklasse trifft. Gute Pizza und Alkohol. *Omar Bin al-Khattab Street (geht von der Rainbow Street ab), Tel. 06/465 04 57,* €€

Fladenbrot gehört dazu: Essen hat in Jordanien sozialen Charakter

Eco-Tourism Cafe **[U E5]**
Bei Tee und Wasserpfeife können Sie vom Balkon des Cafés das Treiben in der Altstadt beobachten oder mit Einheimischen Backgammon spielen. *Altstadt, King Hussein Street, gegenüber der Arab Bank, kein Tel.,* €

Reem al-Bawady **[O]**
Riesige Säle mit traditionellem Dekor, wo arabische Speisen an runden Tischen serviert werden, deren Tischplatte aus einem Messingtablett besteht. Beliebt bei Touristengruppen, aber auch bei einheimischen Familien. *Tla'al-Ali-Viertel, Mohamed al-Fayad Street, gegenüber Supermarkt C-Town, Tel. 06/ 551 54 19,* €€€

Tanoureen **[O]**
Bestes arabisches Restaurant (libanesische Küche) in wohnlichem Ambiente mit Porträts arabischer Musiker und Schriftsteller an den Wänden. Mit Garten. *Souk Um Uthaina Street, Tel. 06/551 59 87,* €€€

Café Wild Jordan **[U E6]** Insider Tipp
Eine echte Bereicherung ist das Restaurant mit einem phantastischen Blick auf Altstadt und Zitadelle. Es werden gesunde Kost und phantasievolle Fruchtcocktails serviert. Kein Alkohol. Der jordanische Architekt Ammar Khammash hat hier einen der modernsten Bauten in eines der ältesten Viertel gesetzt. Außerdem sind hier die Büros der Königlichen Gesellschaft für Naturschutz (RSCN) und ein Laden mit Produkten der Gesellschaft untergebracht. Achten Sie auf Sofa und Empfangstresen im Eingang – alles aus Recyclingmaterialien hergestellt. *Osman min Anan Street (geht von der Rainbow Street ab), Tel. 06/463 35 42,* €€

EINKAUFEN

Al-Burgan for Handicraft **[U C5]**
Bestickte Tischdecken, Stoffe, Leinenwaren und teilweise alte Möbel gibt es in diesem Familienbetrieb. *Neben dem Hotel Intercontinental, ausgeschildert von der Zahran Street*

Altstadt **[U E–F 5–6]**
Außer einem kleinen Goldmarkt gibt es hier die üblichen Mitbringsel wie Wasserpfeifen, Musikinstrumente und Ledertaschen.

Jordan River Foundation **[U E6]**
Gewebte Teppiche, bestickte Tischdecken, modernes Kunsthandwerk und Kosmetika aus Naturprodukten finden Sie in den Verkaufsräumen der Stiftung, die überall im Land Werkstätten unterhält. *Vom 1st Circle kommend links ab von der Rainbow Street, www.jordanriver.jo*

Shopping Malls
In den modernen, klimatisierten Einkaufszentren finden Sie vor allem internationale Designermarken und Textilketten. Die *Abdoun Mall (Abdoun)* **[O]** und die *Mecca Mall (Mecca Street)* **[O]** gehören zu den neuesten und edelsten Konsumtempeln der Stadt.

Wild Jordan Center **[U E6]**
Im Laden der Königlichen Gesellschaft für Naturschutz gibt es Marmelade, nach traditionellen Motiven angefertigten Silberschmuck, bemalte Straußeneier und ein originelles Monopoly-Spiel, »Nature Inc« – ein ideales Mitbringsel für Kinder. Außerdem bekommt man hier Informationen zu den Naturschutzgebieten. *Osman min Anan Street (geht links von der Rainbow Street ab, am Richmond Shop)*

Zalatimo Brothers Insider Tipp
Die aus Jerusalem stammende Familie macht die besten Kekse der Stadt. In großen, dekorativen Metalldosen sind die empfindlichen Gaumenfreuden reisegerecht verpackt. *Shmeisani, Abdel Hamid Sharaf Street* **[U B4]***; Sweifiyeh, Salah Hemad Street* **[O]***; am Flughafen Amman* **[O]**

ÜBERNACHTEN

Carlton Hotel **[U C5]**
Verkehrsgünstig gegenüber dem Intercontinental gelegen, eines der wenigen Mittelklassehotels der Stadt. Korrekt und freundlich. *40 Zi., Zahran Street zwischen 2nd und 3rd Circle, Tel. 06/465 42 00, Fax 465 58 33, jcarlton@joinnet.com.jo,* €€

Farah Hotel **[U E5]**
Treffpunkt für Rucksackreisende in der Altstadt. Ventilator im Zimmer, Gemeinschaftsbad, luftiges Dach, Beduinenzelt und sehr freundliche Atmosphäre. *24 Zi., Cinema Al-Hussein Street (hinter der Arab Bank), Tel. 06/465 14 43 und 465 14 38, Fax 465 14 37, farahhotel@hotmail.com,* €

Hisham Hotel **[U B5]**
Die Zimmer müssten eigentlich renoviert werden, aber die familiäre Atmosphäre, die Gartenterrasse und die zentrale Lage ziehen immer wieder die Stammgäste an. *19 Zi., Mithqal al-Fayez Street, 3rd Circle, Tel. 06/464 40 28 und 464 27 40, Fax 464 75 40, hishamhotel@nets.com.jo,* €€

Intercontinental **[U C5]**
Der Klassiker unter den Fünf-Sterne-Hotels. Zentral gelegen, mit einladender Lobby. Treffpunkt von Politikern, Diplomaten und Journalisten. Hervorragender Service. *478 Zi., Zahran Street zwischen 2nd und 3rd Circle, Tel. 06/464 13 61, Fax 464 52 17, www.amman.intercontinental.com, €€€*

Palace Hotel **[U E5]**
Einfaches Hotel in der Altstadt, sauber, mit einer Auswahl von Zimmern mit und ohne Bad und Klimaanlage, großer Aufenthaltssalon. *45 Zi., King Faisal Street, Tel. 06/462 43 26 und 462 43 27, Fax 465 06 03, palacehotel@central.com, €*

FREIZEIT & SPORT

Jogging **[U C2]**
Wenn man nicht auf Asphalt laufen möchte, kommt nur der unter Pinienbäumen angelegte *Joggingpfad in der Sports City* (Insider Tipp) in Frage. Dort liegt der Pfad gegenüber der Basketballhalle. *Harun al-Rashid Street, an der Ecke des Royal Cultural Center von der Al-Malakah Alia Street rechts abbiegen, nach 300 m Kehrtwende, Eingang auf der rechten Seite, Eintritt frei*

Türkisches Bad **[U E6]**
Das *Al-Pasha* (Insider Tipp) ist der ideale Ort der Entspannung. Das traditionelle türkische Bad mit Kuppel verfügt über ein Dampfbad und eine Sauna. In der Mitte des hohen Saals kann man die Beine in ein kaltes Wasserbecken baumeln lassen und dabei kalten Hibiskussaft trinken. Bei einer Massage werden verkrampfte Muskeln gelockert. Anmeldung und Badeanzug nötig. Es gibt Zeiten für Frauen, Männer und gemischte Gruppen. *Taha Street, die von der Rainbow Street abgeht (die fünfte Straße rechts nach dem*

Einer der edelsten Konsumtempel in Amman: die Mecca Mall

1st Circle), Tel. 06/63 30 02 und 463 93 00, Eintritt 15 JD

AM ABEND

Abdoun Circle **[U A6]**

An diesem Kreisel im Villenviertel Abdoun vergnügt sich am Abend die Jugend der Oberschicht. Hier hat die Globalisierung voll eingeschlagen: Im *Tche-Tche* kann man Wasserpfeife in allen Geschmacksrichtungen rauchen. Im düsteren *Irish Pub* gibt es viele Biersorten, im *Planet Hollywood Cafe* amerikanisches Feeling. Sehr schön ist das am Hang gelegene *Blue Fig Cafe* auf dem nächsten Hügel hinter dem Abdoun Circle, wo es auch regelmäßig Livekonzerte gibt.

Insider Tipp

En-Nai **[U B3]**

Mischung aus Restaurant und Club, wo orientalisches Dekor geschmackvoll mit Moderne gemischt ist. Eine der angesagtesten Adressen in Amman. Arabische *mezze* und regelmäßig Sushibuffet. Am späten Donnerstagabend wird hier getanzt. *Shmeisani, Seiteneingang des Al-Qasr Howard Johnson Hotels, Reservierung nötig, Tel. 06/562 05 28 und 562 05 28 (Durchwahl 321) 16–18 Uhr, geöffnet bis in die frühen Morgenstunden, tgl. 18–21 Uhr Happy Hour*

Kino

In den Kinos werden meist Hollywood-Produktionen und ägyptische Komödien gezeigt (in Englisch bzw. Arabisch mit Untertiteln). *Galleria am Abdoun Circle* **[U A6]**, *Zara-Center hinter dem Hyatt Hotel am 3rd Circle* **[U C5]**, *Mecca Mall* **[O]**

Konzerte und Theater

Konzerte und Theateraufführungen finden statt im modernen *Royal Cultural Center (Shmeisani, Al-Ma-*

Das Leid der Nachbarn

Amman erlebt einen Bau- und Restaurantboom – dank der wohlhabenden Iraker

Zwar klagt Jordanien ständig darüber, dass es wirtschaftlich unter der Unruhe der Region leidet. Andererseits profitiert es seit je vom Leid seiner Nachbarn in Irak und Palästina. Zur politischen Stabilisierung erhält das Land umfangreiche Hilfsgelder aus dem Westen. Andererseits zieht Amman wegen seiner stabilen Lage und Lebensqualität reiche Menschen aus den Nachbarländern an, die sich hier niederlassen. Derzeit erlebt Amman einen neuen Bauboom. Fast eine Million wohlhabende Iraker sollen vor den bürgerkriegsähnlichen Verhältnissen in ihrem Land bisher nach Amman geflohen sein. Sie kaufen Häuser und Wohnungen, die Grundstückspreise erreichen schwindelnde Höhen. Restaurants, Luxusgeschäfte und neue Cafés schießen aus dem Boden. Im Sommer ist Amman zudem von arabischen Touristen, die der Hitze in den Golfstaaten entkommen wollen, überlaufen.

lika Alia Street, nahe Sports City, Tel. 06/566 10 26) **[U B2–3]** sowie im neuen *King Hussein Cultural Center (Omar Matar Street, neben der Stadtverwaltung, Tel. 02/ 463 61 11)* **[U D6]**. Hier treten arabische Künstler auf, aber auch ausländische Kulturzentren nutzen die Orte für Gastspiele westlicher Musiker. Über aktuelle Veranstaltungen informiert die »Jordan Times« *(www.jordantimes.com)*.

AUSKUNFT

Jordan Tourism Board **[U A5]**
Tunesia Street, zwischen 4th und 5th Circle, neben dem Duty Free Shop, tgl. 8–16 Uhr, Tel. 06/ 567 82 94, Fax 567 82 95, www.see-jordan.com

Kostenfreies Beschwerdetelefon (auch Informationen): *080 02 22 28*

ZIELE IN DER UMGEBUNG

Fuheis **[108 B5]**
Wenn Sie von der modernen Großstadt genug haben, lohnt sich ein Nachmittagsausflug in das etwa eine halbe Stunde von Amman entfernt gelegene christliche Dorf Fuheis. Hier geht es beschaulich zu. Kunsthandwerkstätten und mittlerweile zwölf Galerien in historischen Häusern laden zum Bummeln ein. Allein der Besuch des idyllischen Restaurants *Zuwadeh (Ruwaq al-Balqa Street, Tel. 06/ 472 15 28, €€)* lohnt die Anfahrt. Hier kann man unter Olivenbäumen im Schatten ein spätes Nachmittagsmahl zu sich nehmen.

sider pp **Iraq al-Amir** **[108 B5]**
Nach Tagen in der von Stein geprägten Stadt Amman sehnt sich Ihr Auge nach Grün? Sie wollen aber gleichzeitig weiter auf den Spuren der Geschichte wandeln? Dann machen Sie einen Ausflug in das *Wadi as-Sir* bis zum 24 km entfernten Dorf Iraq al-Amir. Die Verlängerung der Zahran Street führt nach dem 8th Circle in ein grünes Tal, entlang einem kleinen Fluss, an dem Reste römischer Aquädukte zu sehen sind. Im Frühjahr können Sie auf den blühenden Wiesen vielleicht eine Schwarze Iris entdecken, die jordanische Nationalblume.

Schließlich taucht auf der linken Seite Iraq al-Amir (Höhle des Prinzen) auf, wo heute Kunsthandwerkstätten der Jordan River Foundation untergebracht sind. Gegenüber sind etwa ein Dutzend Grotten in den Fels geschlagen. Über steile Treppen zu erreichen, sind in den Höhlen zwei aramäische Inschriften zu finden. Eine Inschrift außen (an der letzten Höhle rechts, wenn man davor steht) nennt die jüdische Familie der Tobiaden, die hier im 2. Jh. v. Chr. gelebt haben soll.

Etwas weiter auf der linken Seite führt eine kleine Straße zum *Qasr al-Abd* (Sklavenschloss). Das im 2. Jh. v. Chr. entstandene Bauwerk ist einer der wenigen Überreste aus hellenistischer Zeit. Seine bis zu 20 t schweren Steinblöcke beeindrucken ebenso wie der einzige erhaltene Steinlöwe und die Friese, die teilweise am Boden liegen. Man kann sich einen Film über die Geschichte und die von Franzosen durchgeführte Restaurierung des idyllisch gelegenen Schlosses ansehen. Der Wächter am Eingang der Anlage öffnet nach Bedarf. *Eintritt frei, geben Sie dem Wächter ein kleines Trinkgeld*

Treffpunkt Weltgeschichte

Die gut erhaltene Römerstadt Jerash liegt neben der mittelalterlichen muslimischen Festung Ajlun

Eine Fahrt in den Norden führt in den regenreichsten Teil Jordaniens. In den Bergen um Ajlun und Umm Qais im äußersten Nordwesten, an der Grenze zu Syrien, fallen bis zu 600 mm Niederschlag im Jahr. Im Frühjahr sind die sanften Hügel grün und voller Wiesenblumen. Olivenplantagen erstrecken sich über weite Flächen, und es gibt sogar einige Wälder mit Roteichen und Föhren. Im Winter ist diese teilweise mediterran wirkende Landschaft von Schnee bedeckt.

Es ist kein Zufall, dass hier im Norden die beiden nach Amman größten Städte Jordaniens liegen: Zarqa und Irbid. Schon in der Antike war der Norden ein begehrtes Terrain, wovon die zahlreichen Überreste römischer Städte zeugen. Von den zum Städtebund der Dekapolis gehörenden Siedlungen können Sie vier in Jordanien besichtigen – die am besten erhaltene ist Jerash, das ehemalige Gerasa. An die Auseinandersetzung mit den Kreuzrittern viele Jahrhunderte später erinnert die mächtige Festung von Ajlun.

Prachtstraße des antiken Gerasa: Säulen des Cardo Maximus vor der modernen Stadt Jerash

Mediterraner Norden: Olivenblüten

AJLUN

[108 B3] 25 km westlich von Jerash liegt das Städchen Ajlun (20 000 Ew.), in dessen Zentrum eine alte Moschee mit elegantem Minarett zu sehen ist. Berühmt ist Ajlun jedoch für seine Burg, die außerhalb der Stadt auf einem Berggipfel liegt.

SEHENSWERTES

Qala'at ar-Rabad

★ Schon von weitem ist die mächtige Festung Qala'at ar-Rabad über dem Städtchen Ajlun zu sehen. Wie ein Adlernest sitzt sie auf der Bergspitze und beherrscht die umliegenden, leicht bewaldeten Hänge. Die von einem General und Neffen des arabischen Feldherrn Salah ed-Din 1184/85 erbaute Burg

Prachtbeispiel der Militärarchitektur: Qala'at ar-Rabad, die Burg von Ajlun

ist eines der schönsten Beispiele der islamischen Militärarchitektur im Mittleren Osten. Trotz ihrer fast uneinnehmbaren Lage stürmten die Mongolen 1260 die Burg und plünderten sie. Die Mamelucken banden sie in eine Kette von Burgen und Posten ein, die es ermöglichte, innerhalb von zwölf Stunden per Lichtzeichen oder Brieftaube Nachrichten von Kairo bis nach Damaskus oder nach Bagdad zu senden. Heute ist die Burg ein beliebtes Ausflugsziel, zum Beispiel für lärmende Schulklassen. *Tgl. 8–17.30 Uhr, im Sommer bis 19 Uhr, Eintritt 1 JD, Besucherzentrum Tel. 06/642 01 15*

ESSEN & TRINKEN

Bonita Ajloun Restaurant

Von der Terrasse dieses Restaurants haben Sie einen phantastischen Blick auf die Burg. Das arabische Essen ist gut. *Ajloun Castle Street, Tel. 02/642 09 81,* €€

ÜBERNACHTEN

Ajloun Forest Lodge Insi Tip

Die originellste Übernachtungsmöglichkeit in der Umgebung ist die Forest Lodge der Königlichen Gesellschaft für Naturschutz. In Pfahlbauten aus Holz, deren Wände und Dach mit Zeltstoff bespannt sind, können Sie mitten im Eichenwald übernachten. Es sind mehrere ausgeschilderte Wanderwege vorhanden. Nur vom 1. April bis zum 31. Okt. geöffnet. 5 km hinter Ajlun auf dem Weg nach Irbid; an der Ishtafeina-Kreuzung geht es links ab, das Naturschutzgebiet *Ajloun Nature Reserve* ist ausgeschildert. *10 Hütten mit bis zu 4 Betten, Tel. 02/647 56 73, Fax 06/533 46 10, www.rscn.org.jo (unter Adventures/Ajloun),* €€

Al-Rabad Castle
Einfaches Hotel mit Bädern in den Zimmern. Von den Balkons vor den Zimmern hat man teilweise einen Blick auf die Burg. *22 Zi., Ajloun Castle Street, Tel. 02/642 02 02, Fax 06/533 35 58, €€*

IRBID

[108 C2] Die Stadt mit ihren 500 000 Einwohnern ist das Verwaltungszentrum des Nordens. Touristische Sehenswürdigkeiten gibt es hier nicht außer zwei kleinen, aber schön gestalteten Museen auf dem Campus der Yarmouk-Universität, dem *Museum für Archäologie und Anthropologie* sowie dem *Museum für Naturkunde (beide So bis Do 10–17 Uhr, Eintritt 1 JD)*. In der Nähe der Universität gibt es viele Cafés und Imbisse, die bis Mitternacht belebt sind.

ÜBERNACHTEN

Al-Joude Hotel
Nahe der Moschee im Universitätsviertel gelegen, eines der besseren Hotels. *15 Zi., Tel. 02/727 55 15, Fax 727 55 17, €€*

Al-Omayyad Hotel
Sauberes Hotel im Stadtzentrum, im 2. und 3. Stock, mit gutem Preis-Leistungs-Verhältnis. Netter Empfang. *14 Zi., Bagdad Street, Tel./Fax 02/724 59 55, €*

ZIEL IN DER UMGEBUNG

Umm Qais (Gadara) **[108 B2]**
★ Auch wenn Sie schon genug römisch-griechische Ruinen besichtigt haben: Auf einen Ausflug in das 30 km entfernte Dreiländereck im äußersten Nordwesten Jordaniens sollten Sie nicht verzichten. Von der Anhöhe, auf der die Ruinen der Stadt Umm Qais stehen, haben Sie einen phantastischen Blick: auf die Golanhöhen in Syrien, über den See Genezareth nach Israel und in das Jordantal. Manchmal treffen Sie hier Palästinenser, die mit Ferngläsern auf ihre alte Heimat im heutigen Israel blicken.

Am Fuß einer osmanischen Siedlung liegen die Ruinen der antiken Stadt Gadara. Wahrscheinlich

MARCO POLO Highlights »Der Norden«

★ **Qala'at ar-Rabad**
Beeindruckende Festung in Ajlun – hier boten die Araber den Kreuzrittern Paroli (Seite 39)

★ **Umm Qais (Gadara)**
Phantastischer Blick über die Reste der antiken Stadt hinweg nach Israel und Syrien (Seite 41)

★ **Jerash**
Eine der besterhaltenen römischen Städte der Welt, die Wirtschaftszentrum der Provincia Arabica war (Seite 42)

Umm Qais: Die Ruinen des antiken Gadara liegen auf einer Anhöhe

um 300 v. Chr. von den Griechen gegründet, war sie später eine der wichtigsten Städte der Dekapolis: Die Handelswege nach Norden führten hier vorbei.

Die Größe des Ruinengeländes vermittelt einen Einruck davon, wie mächtig Gadara einst gewesen sein muss. Allerdings ist wenig von den antiken Bauwerken erhalten: ein beeindruckendes *Theater* aus schwarzem Basaltstein, das einst 3000 Menschen fasste, eine achteckige *byzantinische Kirche,* von der noch die Basaltsäulen stehen. Dafür bietet Gadara ein Kuriosum, das Sie an wenigen antiken Ausgrabungsstellen finden: Mitten in der Ruinenlandschaft leben zahlreiche Familien in historischen Mauern.

Lassen Sie sich unbedingt im Insider Tipp Restaurant *Resthouse (tgl. 10–22 Uhr, Tel. 02/750 05 55, €€)* in der Ruinenanlage nieder – der Blick von der Terrasse auf die Golanhöhen und den See Genezareth ist einmalig. Geschmackvolle Gartenmöbel stehen auf dem historischen Pflaster; gute arabische Küche.

Ruinenanlage tgl. 8–17 Uhr, Eintritt 1 JD, Museum Mi–Mo 8–17 Uhr, Eintritt frei, Besucherzentrum Tel. 02/750 02 38

JERASH

[108 C3] ★ Die Ruinen von Jerash, dem antiken Gerasa, gelten als die weltweit besterhaltene römische Siedlung. Nach Petra sind sie die zweitwichtigste Attraktion für Touristen in Jordanien. Die Sehenswürdigkeit liegt etwa 50 km nördlich von Amman und kann gut auf einem Tagesausflug von Amman aus besucht werden.

Die aus rosa-orangefarbenem Kalkstein erbaute Stadt lag an einer der wichtigsten Handelsrouten der

Antike. Umstritten ist, ob Gerasa von Alexander dem Großen oder einem seiner Feldherren gegründet wurde. Ihre Blütezeit erlebte die hellenistische Stadt jedoch unter römischer Herrschaft im 2. und 3. Jh., als sie zum Städtebund der Dekapolis gehörte. Der Besuch von Kaiser Hadrian 129 n. Chr. führte zu einem großen Bauboom, die Stadt wurde zum Wirtschaftszentrum der Provincia Arabica. Sie lag an der neuen Via Romana, einem gepflasterten Weg, der Aqaba mit Damaskus verband. Zu seinen Glanzzeiten lebten 20 000 Menschen in Gerasa. Unter byzantinischer Herrschaft begann der Verfall, und im 9. Jh. wurde die Stadt von den letzten Einwohnern verlassen. Doch in jedem Sommer wird sie zu neuem Leben erweckt: In den beiden Theatern werden Opern gespielt und Konzerte gegeben.

Das Faszinierende an Jerash ist der gute Zustand der Bauwerke. Zu verdanken ist dies dem relativ trockenen Klima und der Tatsache, dass die Islamisierung der Region relativ friedlich verlief und die neuen Herrscher die vorhandene Architektur weitgehend intakt ließen. Allerdings bauten die Byzantiner die Stadt stark um, insbesondere die Kultorte.

SEHENSWERTES

Die Sehenswürdigkeiten werden in der Reihenfolge des üblichen Rundgangs vorgestellt.

Triumphbogen

Wenn man die Anlage vom Parkplatz neben dem Basarkomplex aus betritt, steht man zunächst vor dem Triumphbogen, der 129 n. Chr. zu Ehren Kaiser Hadrians gebaut wurde. Das Bauwerk stand außerhalb der 3,5 km langen Mauer, die die Stadt umgab. Ein einfacher Weg führt dann am Hippodrom entlang Richtung Südtor.

Südtor

Am Südtor befinden sich das Besucherzentrum, ein Restaurant sowie der offizielle Eingang. Das Tor aus dem 2. Jh. weist am Fuße seiner Säulen feine Steinmetzarbeiten in Blätterform auf. Gleich links hinter dem Eingang steht eine Olivenpresse aus dem 3. Jh.

Ovales Forum

Hinter dem Südtor liegt das Ovale Forum, dessen ungewöhnliche Form den Archäologen Rätsel aufgegeben hat. Es wird vermutet, dass man mit diesem städtebaulichen Trick den Zeus-Tempel mit dem römischen Nordtheater am anderen Ende der Stadt durch eine Nord-Süd-Achse verbinden wollte. Der Zeus-Tempel wurde auf einem Hügel erbaut, der bereits seit Jahrhunderten zur Götterverehrung genutzt wurde und leicht versetzt zur Hauptstraße, dem Cardo Maximus, liegt. Der Platz mit den riesigen Pflastersteinen und den gut erhaltenen Reihen von Säulen in ionischer Form ist einer der beeindruckendsten Orte der Stadt. Wahrscheinlich wurde er für zeremonielle und religiöse Handlungen angelegt.

Zeus-Tempel

Linker Hand, auf einem kleinen Hügel, liegt der Zeus-Tempel, zu dem in früheren Zeiten eine große Treppe hinaufführte. Er wurde im 2. Jh. auf den Ruinen eines griechi-

Prächtig geschmückte Architektur: das Südtheater von Gerasa

schen Tempels erbaut, heute ist er relativ stark zerstört.

Südtheater

Das gut restaurierte Theater mit 32 Sitzreihen konnte etwa 5000 Zuschauer aufnehmen. In den ersten Reihen sind teilweise die Namen von Spendern eingraviert. Am besten können Sie das Theater von oben bewundern, wenn Sie die Stufen hinaufsteigen. Von hier haben Sie außerdem einen weiten Blick auf die antike Stadt und das moderne Jerash. Die Bühne mit ihren drei Eingängen ist im korinthischen Stil geschmückt.

Insider Tipp

Cardo Maximus

Vom Ovalen Forum geht die Hauptachse der Stadt ab, eine 800 m lange Allee, die von 200 zumeist korinthischen Säulen in Doppelreihen gesäumt wird. Die original erhaltene Pflasterung ist uneben, weil darunter das Abwassersystem verläuft. Wo ein Stein fehlt, können Sie einen Blick auf die Kanalisation werfen. Die von den Holzrädern der römischen Karren im Stein hinterlassenen Furchen sind deutlich zu erkennen. Entlang dieser Prachtstraße, die von zwei Querstraßen geschnitten wird, liegen die wichtigsten Bauwerke der Stadt. Vor der ersten Kreuzung liegt eine runde *Agora,* ein Marktplatz. Dahinter folgen die sakralen Bauten.

Kathedrale

An der Stelle eines Dionysus-Tempels wurde im 4. Jh. eine Kathedrale errichtet; hier wirkte der Bischof von Gerasa. Der Tempel wurde dem Erdboden gleichgemacht, um eine dreischiffige Basilika zu erbauen. Achten Sie auf den Schrein mit der Jungfrau Maria und den Erzengeln Gabriel und Michael am Fuße der Treppe.

Nymphäum
Von dieser zweistöckigen Brunnenanlage aus dem 2. Jh. ist die monumentale Fassade erhalten. Sie war im unteren Teil mit grünem Marmor und im oberen Teil mit bemaltem Stuck verziert.

Artemis-Tempel
Dieser gut erhaltene und mächtige Tempel war der Tochter des Zeus und Schutzgöttin der Stadt gewidmet. Er war Teil einer großen Anlage aus Treppen, Terrassen und Höfen. Aufsteigende Treppen führen hinauf in das Allerheiligste, das den Priestern vorbehalten war. Mit seinen Ausmaßen von 23 mal 40 m war der Tempel eines der wichtigsten Bauwerke der Stadt. Noch elf der ursprünglich 32 korinthischen Säulen sind erhalten. Mit der Ankunft der Christen erstarb der Artemis-Kult, und Steine des Tempels wurden zum Bau von Kirchen verwendet.

Drei-Kirchen-Komplex
Links hinter dem Tempel finden sich drei der mehr als 153 Kirchen der Stadt, die nach der Christianisierung errichtet wurden. Die drei Gotteshäuser haben einen gemeinsamen Vorhof und gemeinsame Seitenmauern. Zwischen 529 und 233 erbaut, sind sie den Heiligen Johannes dem Täufer, Georg sowie Cosmas und Damian gewidmet. Sehenswert sind die restaurierten Bodenmosaiken in der *Cosmas-und-Damian-Kirche*. In der *Johanneskirche* ist eine Abbildung der ägyptischen Stadt Alexandria zu sehen.

Nordtheater
Das nicht restaurierte Theater, das deutlich kleiner ist als der Bau am Südtor, fasste nur etwa 1600 Zuschauer. Als Rückweg zum Südtor können Sie den auf einer Anhöhe gelegenen Feldweg nehmen, der westlich vom Nordtheater und hinter dem Artemis-Tempel durch die Wiesen führt. Insider Tipp

MUSEUM

Das kleine Museum auf dem Hügel neben dem Ovalen Forum stellt zahlreiche interessante Fundstücke aus: Schmuck, Geldstücke und Theaterkarten aus gebranntem Ton. *Tgl. 8.30–17 Uhr, im Sommer bis 18 Uhr, Feiertage 10–16 Uhr, Eintritt frei*

ESSEN & TRINKEN

Resthouse
Das direkt am Südtor gelegene Restaurant ist mit seinem großen Saal auf Reisegruppen eingestellt. Bringen Sie lieber ein Picknick mit.

ÜBERNACHTEN

Olive Branch Hotel
Vor allem die Lage des Hotels ist attraktiv. Halbüberdachter Swimmingpool und schöner Blick. Ca. 8 km von Jerash entfernt an der Straße nach Ajlun, rechts ab von der Hauptstraße, ausgeschildert. *30 Zi., Tel. 02/634 05 55, Fax 634 05 57, www.olivebranch.com.jo*, **€€**

AUSKUNFT

Besucherzentrum am Südtor (Tel. 06/635 12 72) und Besichtigung antike Bauten April–Sept. tgl. 8–19 Uhr, Okt.–März tgl. 10–16 Uhr, Feiertage 10–16 Uhr, Eintritt 5 JD

Wein, Weib und Gesang in der Wüste

Die Omayyaden-Schlösser sind kleine Juwele frühislamischer Kunst – nebenan weiden Wasserbüffel in der Sumpflandschaft

Verlassen Sie Amman in Richtung Osten, gelangen Sie in einen Teil des Landes, der auf den ersten Blick wenig einladend erscheint. Lastwagen beherrschen die Wüstenhighways, die nach Irak und Saudi-Arabien führen. Wie schon zu Zeiten des UN-Embargos gegen Irak ist die Landverbindung über Jordanien eine der Lebensadern Iraks. Doch die riesige Wüstenlandschaft – mal ausgetrocknete Sümpfe mit dicker Salzschicht, mal schwarzes Basaltgeröll – hat mehr zu bieten: Entlang der beiden Straßen, die wie eine Schleife das Gebiet durchziehen, liegen die berühmten Omayyaden-Schlösser. Diese bescheidenen Gebäude aus dem 8. Jh. sind gerade wegen des fehlenden Pomps kleine Juwele, die einen Tagesausflug wert sind. So haben hier Wandmalereien aus der Frühzeit des Islam überdauert, auf denen sogar nackte Frauen abgebildet sind.

Die aus Damaskus stammenden Omayyaden-Herrscher hielten in diesen Schlössern Hof: Sie schlichteten Rechtsstreite und pflegten die Beziehungen zu den lokalen Beduinenstämmen, die ihre Machtbasis waren. Doch die Herbergen dienten wahrscheinlich auch als Lustschlösser. In der Abgeschiedenheit der Wüste, weit weg von den Blicken des Hofes, soll es hier zu Gelagen mit Wein, Weib und Gesang gekommen sein. Auch die Pflege der vorislamischen Gedichtkunst, in der Sinnenfreuden und Alkohol eine große Rolle spielen, wird überliefert. Die zahlreichen Tierdarstellungen zeugen davon, dass die Jagd auf Gazellen und Enten sowie sportliche Ertüchtigung zum Programm gehörten. Als 750 v. Chr. die Abbasiden die Omayyaden besiegten, verlegten sie die Hauptstadt nach Bagdad. Die Region des heutigen Jordanien verlor an Bedeutung, und die Wüstenschlösser gerieten in Vergessenheit.

Für die Tour zu den Wüstenschlössern empfiehlt es sich, ein Auto oder ein Taxi zu mieten. Mit öffentlichen Verkehrsmitteln sind sie nur äußerst schwierig zu erreichen. Wenn Sie mehr Zeit haben, können Sie in der Kleinstadt Azraq übernachten, die von mehreren Naturschutzgebieten umgeben ist.

Frühislamische Wandmalerei im Qasr Amra, dem besterhaltenen Schloss der Omayyaden-Herrscher

Harmonische Anlage in der Abgeschiedenheit der Wüste: Qasr Amra

AZRAQ

[109 F5] Das kleine, verschlafene Städtchen (4000 Ew.) 103 km östlich von Amman lebt vom Durchgangsverkehr. Hier geht es nördlich nach Irak und südlich in Richtung Saudi-Arabien. Bereits zur Zeit der Karawanen war die Oase Azraq ein strategischer Knotenpunkt für den Verkehr zwischen der saudischen Halbinsel und Mesopotamien sowie Syrien.

SEHENSWERTES

Naturschutzgebiete

Gleich neben dem Städtchen hat die Königliche Gesellschaft für Naturschutz (RSCN) das ★ *Feuchtlandreservat Azraq* eingerichtet. Denn was sich heute so dürr und trocken vor den Besuchern ausbreitet, war einst eine Sumpflandschaft, in der Wasserbüffel, Krokodile und Füchse lebten. Der Name Azraq bedeutet auf Arabisch »blau«. Für die Trinkwasserversorgung Ammans wurde jedoch seit den 1980er-Jahren massiv Wasser aus dem einzigen Wasserreservoir der östlichen Wüste Jordaniens abgepumpt, was zum ökologischen Kollaps führte. Auf einer 12 km^2 großen Fläche wurde das ursprüngliche Sumpfgebiet wieder hergestellt, durch das man auf Holzstegen wandern kann. Millionen Zugvögel machen hier im Winter Station, und wenn man Glück hat, ist in dem hohen Schilfdickicht auch einer der wieder angesiedelten Wasserbüffel zu sehen. Eine kleine Ausstellung führt die Tiervielfalt vor Augen, die es hier einst gab. Etwa 12 km südlich von Azraq in Richtung Saudi-Arabien ist das *Wüstenreservat Shawmari* eingerichtet, der erste Naturschutzpark Jordaniens (1975). Hier werden Strauße, die Oryx-Antilope mit ihren langen Hörnern und andere Wildtiere wieder angesiedelt. *Eintritt Feuchtlandreservat 2 JD, inklusive Shawmari-Reservat 3 JD, Tel. 05/383 52 25, www.rscn.org.jo*

ESSEN & TRINKEN

Im südlichen Teil des Ortes liegen die einfachen Restaurants für Fernfahrer aus Irak und Saudi-Arabien. Hier setzt man sich mit an einen großen Tisch und bestellt das Einheitsessen. Die Faustregel gilt auch hier: Wo viel Andrang ist, ist die Qualität am besten. Außerdem gibt es an der Straße Richtung Qasr al-Azraq das *Azraq Tourist Palace Restaurant (€)*, das auf Touristengruppen eingestellt ist. Im *Azraq Resthouse (€)* an der gleichen Straße kann man auf einer schattigen Terrasse essen.

ÜBERNACHTEN

Insider Tipp

Azraq Lodges
Die einzige empfehlenswerte Unterkunft ist dieses ehemalige britische Feldlazarett, das nicht wiederzuerkennen ist: Der jordanische Architekt Ammar Khammash hat das alte steinerne Hauptgebäude in ein futuristisch wirkendes Hotel aus Beton integriert. Sonnensegel aus Stoff stellen die Verbindung zur Beduinenkultur her. Das Hotel wird von der Königlichen Gesellschaft für Naturschutz (RSCN) betrieben. Hier können Sie auch Safaritouren mit den Umweltschützern buchen. (Bei Redaktionsschluss noch nicht eröffnet.) *15 Zi., an der Hauptstraße ausgeschildert, Tel. 05/383 53 35, Fax 06/533 46 10, €*

ZIELE IN DER UMGEBUNG

Öffnungszeiten der Wüstenschlösser: im Sommer tgl. 8–17 oder 18 Uhr, im Winter 8–16 Uhr. Der Eintritt ist frei, doch man gibt etwa 1 JD Trinkgeld für den Führer.

Qasr Amra **[109 E6]**
★ Die Anlage ist das am besten erhaltene Wüstenschloss und gehört seit 1999 zum Unesco-Welterbe. Im 8. Jh. ließ sich Kalif Walid I. diesen Jagdpavillon mit Badehaus bauen, der auch als Lustschloss diente. Von außen besticht das bescheidene Gebäude durch seine harmonischen, runden Formen. Der gelbliche Stein passt sich der sandigen

MARCO POLO Highlights »Der Osten«

★ **Feuchtlandreservat Azraq**
Wasserbüffel in der Wüste – hier ist es möglich (Seite 48)

★ **Qasr Amra**
Einsames Lustschloss in der Wüste mit verwegenen Fresken aus frühislamischer Zeit (Seite 49)

★ **Qasr al-Azraq**
Basaltschloss, in dem Lawrence von Arabien fast erfroren wäre (Seite 50)

Landschaft an. Vor dem Eingang liegt der 24 m tiefe Brunnen, der den Hammam mit Wasser versorgte. Im Inneren zeugen die einzigartigen Fresken von der Damaszener Lebensart jener Zeit. Die lebensnahen Malereien zeigen Menschen, was im späteren Islam kaum noch vorkommt, und sogar nackte Frauen, was noch ungewöhnlicher ist. Kein Wunder, dass die Abbasiden, die den Omayyaden nachfolgten, die »Ausschweifungen« ihrer Vorgänger anprangerten.

Dank der Abgeschiedenheit des in Vergessenheit geratenen Schlösschens haben spätere Bilderstürmer diese Zeugnisse aus der Frühzeit des Islam übersehen. In der islamischen Kunst wurde später fast ausschließlich mit geometrischen und pflanzlichen Motiven sowie Buchstaben (Kalligrafie) gearbeitet, weil die Darstellung von Menschen nach weit verbreitetem Religionsverständnis verboten ist.

In der dreischiffigen *Empfangshalle* mit den gewölbten Decken ist eine nackte Frau beim Bad zu sehen. Daneben sind sechs Herrscher abgebildet, die von den Omayyaden besiegt wurden. Vier davon sind namentlich genannt, darunter der der Perser Chosroes, der äthiopische König Negus und der Westgote Roderich, der 711 besiegt wurde. Vergessen Sie nicht, den Hals zu recken, um die wunderbaren Deckenfresken zu bewundern: Hier sind Handwerker wie Schreiner, Schmiede und Maurer bei der Arbeit verewigt.

Von der Halle führt ein schmaler Durchgang in das *Bad,* das in drei Bereiche aufgeteilt ist: Die Wände des Umkleideraums sind mit naiven Zeichnungen von Gazellen, einem Laute spielenden Bären und anderen Tieren geschmückt. Im *Tepidarium* (Abkühlraum) sind eine Gruppe von drei Frauen im Bad sowie eine Jagdszene zu sehen. Das *Caldarium* (Thermalbad) besitzt eine Kuppel, die mit einer Darstellung des Himmels und Sternzeichen geschmückt ist.

Qasr al-Azraq [109 F5]

★ Berühmt wurde dieses Schloss durch den Gast, der in seinen Mauern den Winter 1917/18 verbrachte: Lawrence von Arabien kampierte hier mit seinen Leuten und bereitete den Sturm auf Damaskus vor. In dem kalten Winter sollen viele seiner Männer im Schlaf erfroren sein. Das aus schwarzem Basaltstein errichtete Schloss ist noch immer imposant, auch wenn die oberen Stockwerke durch ein Erdbeben 1927 stark zerstört wurden. Die älteste Inschrift ist eine Widmung an die Herrscher Diokletian und Maximian, die gemeinsam 285–305 das römische Reich regierten. Das damals erbaute Kastell wurde wahrscheinlich im 13. Jh. von den Ayyubiden renoviert. Aus dieser Zeit stammt auch die Moschee im Innenhof.

Qasr al-Hallabat [109 D4]

Die von den Römern im 2. Jh. erbaute Festung wurde später von byzantinischen Mönchen als Kloster genutzt. In der ersten Hälfte des 8. Jhs. zerstörten die Omayyaden das Bauwerk und errichteten es neu. Teilweise wurden Basaltsteine aus der byzantinisch-römischen Siedlung *Umm al-Jimal* (etwa 30 km nördlich) verwendet. Heute befindet sich hier eine mäßig gut erhaltene Ruine. Nur wenige Kilome-

Leben in der Wüste: ein Schäfer mit seiner Herde beim Qasr al-Kharana

ter entfernt liegt der *Hammam as-Sarakh*, das Bad des Qasr al-Hallabat. Von Badehaus und Umkleideräumen sind nur noch einige Mauern erhalten. Gut zu erkennen sind die Wasserleitungen.

Qasr al-Kharana **[109 E6]**

Festung oder Karawanserei? Bis heute ist unklar, wozu dieses gut erhaltene, klar gegliederte Wüstenschloss diente. Die großen Küchen sowie die Ställe für Kamele oder Pferde um den Innenhof lassen darauf schließen, dass es sich um eine Art Wüstenhotel handelte. Der erste Stock ist ein Labyrinth aus Zimmern und Gemächern. Von der Terrasse bietet sich ein weiter Ausblick über die Wüste. Die wuchtigen Ecktürme dagegen würden eher auf eine Verteidigungsanlage schließen lassen. Doch die kleinen Öffnungen in der Außenmauer dienten der Ventilation und nicht als Schießscharten. Die kufische Inschrift über einer Tür in der oberen Etage lässt auf das Jahr 711 als Baujahr schließen.

Qasr al-Mushatta **[108 C6]**

Wenn Sie das Berliner Pergamon-Museum besucht haben, kennen Sie den schönsten und besterhaltenen Teil dieses Schlosses: Die mit Stuckelementen verzierte Südfassade ist dort ausgestellt, seit der osmanische Sultan Abdel Hamid II. sie 1903 Kaiser Wilhelm II. schenkte. Im Zuge einer deutsch-jordanischen Kooperation soll eine Nachbildung am Original angebracht werden. Von dem einst größten der Wüstenschlösser zeugen vor allem die gewaltigen Außenmauern, die jeweils 144 m lang und mit Halbtürmen versehen sind. Der Palast liegt wenig idyllisch auf dem Gelände des internationalen Flughafens von Amman.

Obstgärten und Salzmeer

Zwischen dem fruchtbaren Jordantal und dem Toten Meer liegt die Taufstätte Jesu

Sie fragen sich, wo in diesem Wüstenland das Gemüse herkommt? Ihr Auge möchte sich einmal wieder an saftigem Grün satt sehen? Dann machen Sie einen Ausflug in das Jordantal, den Obst- und Gemüsegarten des Landes. Entlang dem Jordan, der die Grenze zu Israel und den Palästinensergebieten bildet, dehnen sich Plantagen und Gärten, grüne Felder und saftige Wiesen aus. Hier sehen Sie Bauern bei der Arbeit, die jedoch keine umgeschulten Beduinen sind: Die meisten sind ägyptische Gastarbeiter, die wegen der höheren Löhne in Jordanien dem Niltal den Rücken gekehrt haben.

Doch in diesem Land der Kontraste findet auch dieser Leben spendende Reichtum der Natur ein jähes Ende. Der Jordan mündet im Süden des Tals in das Tote Meer, in dem es kein Leben gibt. Die sofort am Ufer steil ansteigenden Berge sind wieder karg und unwirtlich. Dafür ist ein Bad am tiefsten Punkt der Erde wegen des hohen Salz- und Mineraliengehalts des »Meeres« ein einmaliges Erlebnis: Auch Nichtschwimmer können nicht untergehen. Erst seit kurzem ist das Jordantal um eine Attraktion reicher: Nach neuesten Forschungen lag die Taufstätte Jesu wohl auf der Ostseite des Jordans und nicht auf palästinensischer Seite.

Den Sonnenuntergang 400 m unter dem Meeresspiegel erleben: Abend am Toten Meer

Obstplantage im Jordantal

JORDANTAL

[108 B2–6] Das fruchtbare Tal verdankt seinen Namen dem Fluss Jordan, der in den libanesischen Bergen entspringt. Wer einen reißenden Fluss erwartet, wird enttäuscht sein: Durch die starke Wasserentnahme im oberen Flusslauf in Israel

Hier lebten Alexanders Veteranen: Ruinenstadt Pella

ist der Jordan auf dieser Strecke zu einem schmalen Flüsschen geschrumpft. Immer wieder gibt es Streit zwischen Jordanien und Israel über die Wasserentnahme. So ist die üppige Vegetation nur begrenzt dem Jordan zu verdanken. Vielmehr ermöglicht der in den 1950er-Jahren geschaffene King-Abdullah-Kanal eine regelmäßige Bewässerung. Der Kanal wird aus dem Yarmouk-Fluss und aus Staudämmen gespeist, die Regenwasser in den Bergen auffangen. In dem feuchtheißen Klima des Tals sind drei Ernten pro Jahr möglich, das Tal liefert drei Viertel der landwirtschaftlichen Produktion. Weizen, Gerste, Tomaten, Gurken und viele Obstsorten werden hier angebaut. Hoch subventionierte Wasserpreise für die Plantagenbesitzer führen jedoch zu ökologisch unsinnigen Projekten: Obwohl Bananenstauden einen extrem hohen Wasserverbrauch haben, ist das Tal übersät von Plantagen. Die zunehmende Versalzung gerade im südlichen Teil des Jordantals zwingt zu ständig neuen Experimenten; immer weniger Pflanzen können hier gedeihen.

SEHENSWERTES

Pella [108 B3]

★ Neben dem Dorf *Tabaqat Fahl* liegen die Ruinen von Pella, einer der Städte der griechischen Dekapolis. Veteranen der Armee Alexanders des Großen ließen sich um 310 v. Chr. auf diesem seit Jahrtausenden bewohnten Hügel nieder. Ihre Blütezeit erreichte die Stadt unter byzantinischer Herrschaft, als hier etwa 20 000 Menschen lebten und ein Bischof residierte. Obwohl die Ausgrabungen 1967 begannen, ist in Pella im Vergleich zu Umm Qais oder Jerash wenig zu sehen. Reste der Stadtmauer und einer Basilika mit Säulen aus dem 6. Jh. sowie eines Theaters mit 400 Sitzplätzen sind bisher freigelegt. Zum Essen ist das etwas oberhalb der Grabungsstätte gelegene *Pella Resthouse (Tel. 02/656 08 99, €€)* empfehlenswert. Hier gibt es gute arabische Küche bei wunderbarem Blick von der Terrasse über das Jordantal.

Taufstätte Jesu (Al-Maghtas) **[108 B5]**

★ Erst der Friedensschluss mit Israel 1994 ermöglichte den Beginn von Ausgrabungen auf diesem Hügel, der zum Jordan hin abfällt. Zuvor war hier militärisches Sperrgebiet, das Land mit Minen übersät. Seit 1997 haben jordanische Archäologen in dem Gebiet mehrere frühchristliche Kirchen, ein Kloster und Taufbecken aus den ersten Jahrhunderten n. Chr. freigelegt. Neuere Forschungen gehen davon aus, dass Johannes der Täufer und der Prophet Elias hier gewirkt haben. Hier soll »Bethanien jenseits des Jordan, wo Johannes taufte« (Johannes-Evangelium 1,28), gelegen haben. Die Übereinstimmungen zwischen Bibelstellen, den Berichten christlicher Pilger und archäologischen Funden sind verblüffend und sprechen dafür, dass wahrscheinlich hier die Taufstätte Jesu lag. Auf dem *Elias-Hügel (Tel al-Kharrar)* sind Überreste eines Klosters zu sehen sowie ein komplexes System aus Zisternen und Becken, in denen wohl Massentaufen vorgenommen wurden. In der nahen Umgebung finden sich Hunderte von Höhlen, die von Eremiten oder Mönchen bewohnt wurden. Papst Johannes Paul II. besuchte die Stätte im Jahr 2000.

Durch die wilde Vegetation des *Wadi al-Kharrar,* in dem fünf Quellen entspringen, führt ein 2 km langer Fußweg hinunter an das Ufer des Jordans. Besucher können sich aber auch im Minibus zu den einzelnen Sehenswürdigkeiten auf dem großen Gelände fahren lassen. An der Stelle, wo der Jordan breite Schleifen zieht und seinen Lauf über die Jahrhunderte verändert hat, liegen die Reste einer Kirche aus dem 6. Jh. Zwei weitere, etwas höher gelegene Kirchen wurden innerhalb der nächsten 100 Jahre

Insider Tipp

MARCO POLO Highlights »Der Westen«

★ **Pella**
Die Reste der antiken Stadt faszinieren mit ihrer bezaubernden Lage (Seite 54)

★ **Taufstätte Jesu (Al-Maghtas)**
Frühchristliche Taufbecken und Eremitenhöhlen – hier sollen Johannes der Täufer und der Prophet Elias gewirkt haben (Seite 55)

★ **Totes Meer**
Zeitung lesend auf dem Salzmeer liegen – das gehört zu jedem Jordanienurlaub (Seite 56)

Zeitlose Frömmigkeit: moderner Kirchenbau in Al-Maghtas

errichtet. Schließlich gelangt man direkt an den Hauptarm des Jordans. Nur wenige Meter trennen ihn von den Palästinensergebieten auf der anderen Flussseite, die von Israel besetzt sind. Dort ist ebenfalls eine große Anlage für Pilger und Besucher gebaut worden, da lange Zeit dort die Taufstelle Jesu vermutet wurde. Was dafür spricht, dass die »Wiege des Christentums« auf der Ostseite des Jordans lag, können Sie auf der Website des jungen jordanischen Archäologen Dr. Mohammed Waheeb nachlesen, der die Ausgrabungen mit großem Engagement leitet *(www.elmaghtas.com)*. Im Besucherzentrum am Eingang zur Taufstätte befindet sich ein modernes, klimatisiertes *Restaurant (€€)* mit arabischer Küche.

Insider Tipp

Tgl. 8–18 Uhr, Eintritt 5 JD (inklusive Führer und Minibus auf dem Gelände), Besucherzentrum (Tel. 05/359 03 60)

TOTES MEER

[110 B1–2] ★ Wenn Sie direkt von Amman kommen, legen Sie auf der rund 45 km langen Serpentinenstraße einen Höhenunterschied von 1300 m zurück. An ihrem Ende erstreckt sich das Tote Meer. Hier befinden Sie sich am tiefsten Punkt der Erde, 400 m unter dem Meeresspiegel. Das Binnenmeer ist 75 km lang und 16 km breit. Obwohl das Meer »tot« ist und außer einigen Mikroben kein Leben enthält, ist es ökologisch bedroht. Jährlich sinkt der Meeresspiegel um einen Meter, weil die Zuflüsse aus dem Jordan und Bergquellen als Trinkwasser oder für die Landwirtschaft abgefangen werden. Zudem verbrauchen die israelischen und jordanischen Industrieanlagen (Pottasche und Schönheitsmittel aus Naturprodukten) am südlichen Ende große Mengen Wasser. Umweltschützer fürchten, dass das Binnenmeer bis 2050 um die Hälfte schrumpfen könnte, wenn nichts unternommen wird. Seit Jahren ist der Bau eines Kanals im Gespräch, der Wasser aus dem Roten Meer in das Tote Meer leiten soll. Doch die angespannte politische Lage in der Region behindert Kooperationsprojekte zwischen Jordanien, Israel und Palästinensern.

Der Salzgehalt des Toten Meeres ist mit etwa 30 Prozent fast zehnmal so hoch wie der anderer Meere. Das Wasser wirkt bei Haut- und Rheumaerkrankungen häufig Wunder und zieht immer mehr Gesundheitstouristen an. Nicht versäumen sollten Sie eine Körpermaske aus Schlamm. Der graue Schlamm ist in Vertiefungen im Wasser nahe am Ufer zu finden oder wird in Hotels bereitgestellt. Tragen Sie den Schlamm auf und lassen Sie ihn trocknen – wenn Sie ihn abspülen, ist Ihre Haut samtweich.

ESSEN & TRINKEN ÜBERNACHTEN

Dead Sea Spa Hotel

In diesem ältesten Hotel am Toten Meer wurde das Friedensabkommen zwischen Jordanien und Israel ausgehandelt. Das mittlerweile renovierte Hotel ist bei Kindern beliebt, weil es mehrere Pools mit Klettergerüst und einer großen Wasserrutsche hat. Einfacher und billiger als die anderen Luxushotels. Nutzung von Pools und Strand 12 JD pro Person. *126 Zi., Tel. 05/ 356 10 00, Fax 356 10 12, www.jordandeadsea.com,* €€€

Abstecher nach Jerusalem

Die Stadt liegt zum Greifen nahe – doch die Grenze hat ihre Tücken

Viele Touristen verbinden eine Reise nach Jordanien mit einem Abstecher nach Jerusalem. Zwei Grenzübergänge befinden sich im Jordantal: Ein internationaler Grenzposten zwischen Jordanien und Israel ist die *Scheich-Hussein-Brücke* im Norden des Jordantals. Hier bekommen einreisende Touristen ein Visum für Jordanien ausgestellt. Der weitaus kürzere Weg nach Jerusalem führt jedoch über die *König-Hussein-Brücke* (früher *Allenby-Brücke*), die etwas nördlich des Toten Meeres liegt. Da Jordanien hier an die palästinensische Westbank grenzt, die von Israel besetzt ist, gilt dies nicht als internationaler Grenzübergang. Sie können hier ausreisen, die Jordanier stellen aber keine Visa für die Einreise aus. Sie müssen also ein Mehrfachvisum für Jordanien im Pass haben. Achtung: Mit einem israelischen Einreisestempel im Pass können Sie nicht nach Syrien oder Libanon weiterreisen, da diese Israel offiziell nicht anerkennen. In Amman bekommen Touristen kein Visum für Syrien.

Baden fast überall erlaubt: öffentlicher Strand am Toten Meer

Jordan Valley Marriott Resort & Spa

Das jüngste Hotel der Luxusklasse am Toten Meer. Hier gibt es zwei Pools und eine kleine Wasserrutsche für Kinder, ein Thermalbad sowie einen sehr breiten Sandstrand. In der Woche können Pools und Strand für 20 JD pro Person genutzt werden. Am Wochenende kostet dies 30 JD inklusive eines Restaurantgutscheins. *205 Zi., Tel. 05/ 356 04 00, Reservierung Tel. 06/ 560 76 07, Fax 567 01 00, www. marriotthotels.com, €€€*

Mövenpick

Eine traumhafte Luxusanlage in Form eines traditionellen Beduinendorfes. Die Bungalows ziehen sich vom Hauptgebäude bis zum Meer hin, umrankt von Bougainvilleen und Oleander. Die Zimmer im Erdgeschoss haben eine eigene Terrasse. Bestehen Sie darauf, in diesem Teil und nicht im Hauptgebäude untergebracht zu werden. Vom Swimmingpool hat man einen phantastischen Blick über das Tote Meer. Schmaler, felsiger Strand. Im Spa gibt es gegen zusätzliches Entgelt Massagen, Schlammbäder und andere Schönheitsanwendungen. In diesem Hotel vergnügt sich im Winter und Frühjahr jedes Wochenende die Ammaner Oberschicht. Wer tagsüber das Schwimmbad und den Strand nutzen will, bezahlt 20 JD Eintritt. *230 Zi., Tel. 05/ 356 11 11, Fax 356 11 22, www. moevenpick-hotels.com, €€€*

STRÄNDE

Baden ist fast am gesamten felsigen Ufer erlaubt. Da Sie nach dem Bad unbedingt das Salzwasser abwaschen müssen, empfiehlt sich die Nutzung eines Strandes mit Duschen. Empfehlenswert ist der neue

Amman Beach (Uferstraße hinter den Hotelkomplexen, Eintritt 4 JD), ein gepflegter Strand mit Duschen, Umkleidekabinen und Liegestühlen. Meiden Sie das Wochenende, denn dann es ist voll, und Einheimische kommen zum Gucken.

Sonst können Sie gegen teuren Eintritt auch in den Fünf-Sterne-Hotels Strand und Swimmingpool benutzen. Hier sind Sie vor neugierigen Blicken sicher.

ZIELE IN DER UMGEBUNG

Wadi Feinan **[110 B5]**

Die Straße am Toten Meer entlang nach Süden ist die weitaus schönere Strecke nach Aqaba als die Wüstenautobahn. Im *Wadi Araba* sehen Sie die einzigen feinen Sanddünen Jordaniens.

Wenn Sie diese Strecke wählen, können Sie in der originellen *Öko-Lodge (26 Zi. mit Bad, Tel. 03/ 277 04 97, Fax 277 04 99, www.rscn.org.jo, unter Adventures/Dana, Juni–Okt. geschl., €€)* im Wadi Feinan Rast einlegen. Das abgeschiedene Hotel der Königlichen Gesellschaft für Naturschutz, das an ein Wüstenkloster oder eine Karawanserei erinnert, wird mit Solarenergie betrieben. Elektrisches Licht gibt es nicht, und am Abend sind das gesamte Hotel und die Zimmer nur mit Kerzen beleuchtet. Von hier aus sind schöne Wanderungen durch die Felsenlandschaft möglich, sogar bis nach Petra.

In diesem schon vor 10 000 Jahren besiedelten Gebiet liegen zahlreiche archäologische Stätten. Hier befanden sich die größten Kupferminen der Levante, die über 5000 Jahre lang betrieben wurden (4000 v. Chr. bis etwa 1500 n. Chr.). Daran erinnern heute vor allem große Aufschüttungen von Restgestein. Von den Kupfergießereien der Römer und Byzantiner sind noch Überreste hydraulischer Anlagen zu sehen. Man fährt die Straße am Toten Meer bis zum fünften Armeecheckpoint (ca. 290 km von Amman), hier links ab nach *Quray-qira (Greigra)*, danach weiter bis zum ausgeschilderten Empfangstreff im Dorf *Radhaidi*. Die Reisenden werden von hier in Pick-ups zur Lodge gefahren.

Wadi Mujib **[110 B–C2]**

Fährt man die Uferstraße an dem Hotelkomplex vorbei, kommt man nach etwa 25 km zum Wadi Mujib. Wasser aus warmen Quellen ergießt sich vom Berg durch eine Schlucht bis ins Tote Meer. Am Wochenende ist die Mündungsstelle von Jordaniern bevölkert, die hier baden und ihren Müll hinterlassen.

Doch eine Wanderung das schmale Wadi hinauf, bei der man manchmal durch das warme Wasser schwimmt, ist ein besonderes Naturerlebnis. Echte Kletterer können mit einem Führer auch von oben das gesamte Wadi hinunterklettern – mit Abseilen an den schwierigen Stellen.

Rechts von der Mujib-Brücke baut die Königliche Gesellschaft für Naturschutz ein festes Camp – endlich eine Alternative zu den Luxushotels am oberen Ende des Toten Meeres (das Eröffnungsdatum stand bei Redaktionsschluss noch nicht fest). Links vor der Brücke liegt ein *Besucherzentrum. Buchungen von Wandertouren (im Voraus nötig) und Infos zum Camp: Tel. 03/ 231 30 59 und 06/461 65 23, Fax 07/77 42 21 25, www.rscn.org.jo*

Karawanenpfad und Via Romana

Die Königsstraße führt vom Berg Nebo über die Canyonlandschaft von Dana zu Kreuzritterburgen und der Felsenstadt Petra

Die Königsstraße (Tariq al-Sultani) ist einer schönsten Wege, die von Amman nach Aqaba führen. Sie schlängelt sich auf der Grenze zwischen der Jordansenke des Wadi Araba und dem Hochplateau der Wüste entlang und bietet überwältigende Landschaften: Vom Berg Nebo führt sie über Madaba, das Naturschutzgebiet Dana und die Kreuzfahrerburgen Karak und Shobak bis zur Nabatäer-Stadt Petra. Die Königsstraße entspricht angeblich dem Weg, auf dem Moses die Hebräer zum Gelobten Land geführt haben soll. Später zogen die Karawanen der Nabatäer mit Weihrauch und Edelsteinen hier entlang. Nachdem Kaiser Trajan 106 das Nabatäer-Reich in das römische Imperium eingegliedert hatte, ließ er die Via Nova Traiana ausbauen, die von Damaskus bis nach Aqaba führte: Die Königsstraße wurde von einem Karawanenpfad zu einer gepflasterten Straße mit Meilensteinen. Machen Sie eine Reise durch die Jahrtausende, bei der Sie – außer bei einem Besuch in Petra – nur wenige Touristen treffen werden.

2000 Jahre steinerne Pracht: das Schatzhaus von Petra

Ruhebank mit Ausblick auf der Kreuzritterfestung Karak

DANA

[110 B5] ★ Unbedingt sollten Sie einen Stopp im *Naturreservat Dana* einlegen. Die Canyonlandschaft mit den rundgewaschenen Felsen in vielen Farbschattierungen hält eines der schönsten Naturerlebnisse Jordaniens bereit. Mehrere Wanderrouten sind mit Steinen gekennzeichnet, aber es lohnt sich, einen Führer zu nehmen, der Sie auf Tierspuren und seltene Pflanzen aufmerksam macht. Das 1989 eingerichtete Naturschutzgebiet ist mit 320 km^2 das größte des Landes. 600 Pflanzenarten, 190 Vogelarten und 37 weitere Tierarten sind hier zu finden. *Eintritt Naturschutzgebiet 6 JD*

Idyll im Naturschutzgebiet: Canyonlandschaft mit dem Dorf Dana

Das aus dem 15. Jh. stammende *Dorf Dana,* das ganz aus Steinen und Lehm gebaut ist, liegt auf einem Bergvorsprung über dem Wadi Dana. Schon der Blick von oben bei der Anfahrt ist atemberaubend. Das Dorf war zwischenzeitlich fast völlig verlassen, weil die Familien nach Qadisiya an die Hauptstraße zogen. Daher liegt ein Teil der Häuser und Ställe bis heute in Ruinen. Doch dank des Projektes der Naturschützer sind einige Familien in Dana geblieben oder haben sich wieder angesiedelt. Hier findet man leicht Kontakt zur Dorfbevölkerung. Sie sollten unbedingt ein wenig verweilen.

ESSEN & TRINKEN ÜBERNACHTEN

Dana Guesthouse

Das Hotel der Naturschutzorganisation besticht durch die spektakuläre Aussicht, der geschmackvolle Aufenthaltsraum und die Terrasse liegen direkt über dem Wadi. Gutes Essen, im Winter gemütliche Abende am Kamin mit Gesellschaftsspielen. Allerdings relativ teuer. Auch wenn Sie in einem anderen Hotel wohnen, sollten Sie einmal zum Essen hierher gehen, um die Aussicht zu genießen. *9 Zi., Tel. 03/227 04 98, Fax 227 04 99, dhana@rscn.org.jo,* €€

Dana Hotel Insider Tipp

Das einfache Haus liegt mitten im Ort, gegenüber der hübschen, kleinen Moschee, in der der Gebetsruf noch nicht vom Tonband kommt. Das Hotel wird von der Dorfgemeinschaft betrieben. Einfache, schlichte Zimmer mit schönen Metallbetten, die um einen Innenhof gruppiert sind. Beduinenzelt auf der Dachterrasse. *7 Zi., Tel. 03/227 05 37,* €

Dana Tower Hotel
Kurioses, verwinkeltes Hotel auf mehreren Stockwerken. Schön ist die Terrasse, von der Sie das gesamte Dorf im Blick haben. Der Inhaber setzt sich gern abends zu den Gästen und plaudert. *7 Zi., Tel. 03/227 02 26,* €

Rummana-Camp
Einen anderen Zugang zum Naturschutzgebiet gibt es beim Rummana-Zeltlager. Kurz vor dem Dorf Qadisiya geht es rechts ab zum Camp. Hier kann man in 20 Gemeinschaftszelten, die mit Matratzen ausgestattet sind, in der unberührten Landschaft übernachten. Direkt vor der Zelttür beginnen die Wanderwege. Grillplätze stehen zur Verfügung, Sie können sich aber auch verpflegen lassen. *Tel. 03/227 04 98, Fax 227 04 99, dhana@rscn.org.jo, inklusive Eintritt für das Naturschutzgebiet, Ende Okt. bis Ende März geschl.,* €€

AUSKUNFT

Das *Besucherzentrum* liegt neben dem Dana Guesthouse. Hier können Sie Führer für Wandertouren buchen oder den Shuttlebus, der Sie zum Zeltlager Rummana bringt. Verkaufsraum für organische Produkte und Handwerksarbeiten, die Frauen in den Werkstätten im Untergeschoss herstellen. *Tgl. 8 bis 15 Uhr, Tel. 03/227 04 98, Fax 227 04 99, www.rscn.org.jo*

KARAK

[110 C3] Die Fahrt nach Karak führt durch eine aufregende Landschaft. In langen Serpentinen windet sich die Straße durch das 1000 m tiefer liegende Wadi Mujib, das an dieser Stelle sehr breit ist. Bau- und Straßenarbeiten verwandeln das Tal jedoch noch immer in eine staubige Großbaustelle. Die Stadt Karak

MARCO POLO Highlights »Die Königsstraße«

★ **Dana**
Romantisches Ruinendorf und eine spektakuläre Canyonlandschaft (Seite 61)

★ **Festung Karak**
In den unterirdischen Hallen des Kreuzfahrerschlosses fanden einst Trinkgelage statt (Seite 64)

★ **St.-Georgs-Kirche**
Das Palästina-Mosaik in Madaba zeigt die Welt vor 1500 Jahren (Seite 65)

★ **Berg Nebo**
Blick auf das verheißene Land (Seite 66)

★ **Umm ar-Rasas**
Die byzantinischen Bodenmosaiken und der Eremitenturm gehören zum Welterbe der Unesco (Seite 68)

★ **Petra**
Die Nabatäer-Stadt im Felsgestein ist eine einmalige Symbiose aus Natur und Architektur (Seite 68)

Wehrhaft seit dem 12. Jh.: die Kreuzfahrerburg Karak

(10 000 Ew.) wird von der höher gelegenen Kreuzfahrerburg beherrscht.

SEHENSWERTES

Festung Karak

★ Die imposante Festung ist ein beeindruckendes Beispiel der Militärarchitektur der Kreuzritter. Balduin I., der nach dem Tod seines Bruders Gottfried von Bouillon König des Kreuzritterstaates Jerusalem wurde, ließ die Burg 1142 errichten. Möglicherweise war für die Wahl des Ortes ausschlaggebend, dass die Mehrheit der Bewohner Karaks arabische Christen waren. Von hier aus wurden die Karawanen in der Umgebung überfallen. Nach einjähriger Belagerung mussten die Kreuzritter sich 1189 dem arabischen Feldherrn Salah ed-Din ergeben, der die Festung ausgehungert hatte.

Da der ägyptische Herrscher Ibrahim Pascha die Burgmauern zerstören ließ, sind die oberen Stockwerke nur noch Ruinen. Von den Aufbauten aus mameluckischer Zeit haben Sie jedoch einen wunderbaren Blick. Interessant sind vor allem die unterirdischen Bankettsäle, die unbeschädigt blieben. *Tgl. 8–17 Uhr, Eintritt 1 JD*

ESSEN & TRINKEN

Kir Heres

Empfehlenswertes Lokal gleich vor der Burg. *Castle Street, Tel. 03/235 55 95, €*

ÜBERNACHTEN

Karak Guesthouse

Schöne, ruhige Zimmer, teilweise mit Blick auf die Täler. *9 Zi., Castle Street, kurz vor dem Eingang zur Burg, Tel. 03/235 11 48, Fax 235 21 48, €€*

Tower Hotel

Billigere Alternative, Zimmer mit Gemeinschaftsbad. *18 Zi., Castle Street, Tel. 03/235 42 93, €*

Ziel in der Umgebung

Shobak **[110 B6]**

Für Burgenfans lohnt sich ein Halt in Shobak, denn hier thront eine weitere Festung. Montreal (oder Mons Realis) nannten die Kreuzritter die Burg, die ebenfalls von Balduin I. errichtet wurde. Im 14. Jh. wurde das Bauwerk von den Mamelucken restauriert, heute ist es in relativ schlechtem Zustand.

Madaba

[108 B6] Wenige Kilometer hinter dem Flughafen Amman geht es nach Madaba (40 000 Ew.). Unter dem Namen Mebda wird die Stadt im Alten Testament erwähnt. Der mehrheitlich von Christen bewohnte Ort ist berühmt für seine Mosaiken, die sich in byzantinischer Zeit zu voller Blüte entwickelten. In einer Mosaikschule wird dieses Kunsthandwerk weiter gepflegt.

Sehenswertes

Apostelkirche

Die Mosaikböden der 578 erbauten Kirche gehören zu den schönsten in Madaba – darunter die personifizierte Darstellung des Meeres, in der eine Frau aus den Wellen aufsteigt, umgeben von Meerestieren. Beachten Sie die sprungbereite Katze neben dem Vogel oder den Wolf, der nach einer Weintraube schielt! *Tgl. 8–17 Uhr, Eintritt 3 JD inklusive Museum und Archäologischen Parks*

St.-Georgs-Kirche

★ In dieser griechisch-orthodoxen Kirche, die 1884 auf den Ruinen einer byzantinischen Kirche erbaut wurde, befindet sich die berühmte *Palästina-Karte.* Die um 560 n. Chr. aus 2 Mio. Steinen zusammengesetzte Landkarte ist die erste erhaltene geografische Darstellung der Region. Das Bodenmosaik wurde erst im 19. Jh. wieder entdeckt. Obwohl die ursprünglich 16 mal

Antike Panoramakarte: das berühmte Palästina-Mosaik in Madaba

6 m große Karte stark beschädigt ist, erkennen Sie Unterägypten und das Nildelta, Jerusalem und Sidon im heutigen Libanon. Im Zentrum der Karte steht Jerusalem. Hier sind die Stadtmauern und das Damaskus-Tor gut zu erkennen. Darüber hinaus entzücken die verspielten Tier- und Pflanzendarstellungen. Achten Sie darauf, wie an der Jordanmündung Fische vor dem salzigen Wasser des Toten Meeres wegschwimmen. *Tgl. 8–19 Uhr, Eintritt 1 JD, King Talal Street*

MUSEEN

Archäologischer Park
Freiluftmuseum mit den Ruinen mehrerer Kirchen und Stadtpaläste. Erhalten geblieben sind wunderbare Bodenmosaiken, z. B. die Darstellungen von *Amor und Aphrodite* und der griechischen Tragödie von Phädra, die sich in ihren Stiefsohn Hippolytus verliebte *(Hippolytus-Halle). April–Sept. tgl. 8–19 Uhr, sonst bis 17 Uhr, Eintritt 3 JD inklusive Apostelkirche und Museum*

Madaba-Museum
Das kleine Museum zeigt byzantinische Kleidung, Keramik, Schmuck, Waffen und weitere Mosaiken. *Tgl. 8–17 Uhr, im Sommer bis 19 Uhr, Eintritt 3 JD inklusive Apostelkirche und Archäologischen Parks*

ESSEN & TRINKEN

Ayola Cafe
Hier sitzen Sie auf dem Teppich an niedrigen Tischen und können ein Sandwich und einen frischen Fruchtsaft zu sich nehmen. *King Talal Street, gegenüber der St.-Georgs-Kirche, Tel. 05/325 18 43, €*

Haret Jdouna Insider Tipp
Zu einem Besuch in Madaba gehört die Einkehr in dieses wunderbare Lokal. Es besteht aus mehreren traditionellen Häusern, die um einen schattigen Innenhof liegen. Hier will man bewusst an die Tradition anknüpfen, der Name des Restaurants bedeutet »Stadtviertel unserer Vorfahren«. Drinnen, im Hof oder auf einer Dachterrasse gibt es gute jordanische Küche. *King Talal Street, unweit der St.-Georgs-Kirche, Tel. 05/324 86 50, €€*

ÜBERNACHTEN

Black Iris Hotel
Das nach Jordaniens Nationalblume, der Schwarzen Iris, benannte Hotel bietet sich für Rucksackreisende an. Saubere Zimmer und Gruppenräume. Ruhiger Garten. *16 Zi., am Muhafiza Circle, Tel./Fax 05/324 19 59, €*

Queen Ayola Hotel
Mitten im Zentrum gelegen, ist das moderne, einfache Hotel ein guter Ausgangspunkt für Stadttouren. *8 Zi., Tel./Fax 05/324 40 87, €*

AUSKUNFT

Auf dem großen Parkplatz des *Besucherzentrums* können Sie Ihren Wagen stehen lassen. Von hier aus erreichen Sie die meisten Sehenswürdigkeiten zu Fuß. *300 m vom Baladiya Circle, tgl. 8–18 Uhr, Tel. 05/325 35 63*

ZIELE IN DER UMGEBUNG

Berg Nebo [108 B6]
★ 10 km westlich von Madaba finden Sie einen der wichtigs-

ten christlichen Pilgerorte Jordaniens, den Berg Nebo. Von hier soll Moses nach dem Exodus das Gelobte Land gesehen haben (5. Buch Mose), das er jedoch nicht mehr erreichte. Bis heute haben Sie bei klarer Sicht den gleichen überwältigenden Blick wie Moses: Über das Tote Meer bis nach Jericho in der Ebene, und auch Jerusalem können Sie am Horizont auf dem Plateau erkennen.

Seit den Anfängen des Christentums entwickelte sich der 840 m hohe Berg zu einem Pilgerort, den auch Papst Johannes Paul II. im Jubiläumsjahr 2000 besuchte. Die Franziskaner, die 1933 einen Teil des Berges kauften, entdeckten die Überreste einer dreischiffigen Basilika, die heute von einem wenig schmucken Wellblech überdacht sind. Es schützt sehenswerte Bodenmosaiken mit Tier- und Pflanzenmotiven aus dem 6. Jh.: Links neben dem Eingang sind sehr schön Löwen, Jäger und ein Hirte mit Herde zu sehen *(Eintritt 1 Euro).*

Hammamat Ma'in **[110 B1]**

Von Madaba führt eine kurvige Straße, die schöne Ausblicke bietet, in das versteckte *Wadi Zarqa Ma'in.* Seit den Tagen der Römer haben die Thermalquellen Besucher und Rheumakranke angezogen. Natürliche Steinbecken laden zum Bad im heißen Wasser ein, das sich auch aus einem 25 m hohen Wasserfall ergießt. Achtung: Das Wasser, das Schwefel, Soda und Magnesium enthält, kommt mit bis zu 60 Grad aus dem Boden. Die Quellen sind ein beliebtes Ausflugsziel am Wochenende. Die Schönheit des Ortes wird leider durch das klobige *Janna Spa Hotel (184 Zi., Tel. 05/ 324 55 00, Fax 324 55 50, www.jannaspa.com,* **€€€***)* beeinträchtigt. *Eintritt in das Wadi 5 JD*

Insider Tipp

Badevergnügen in den Thermalquellen von Hammamat Ma'in

Umm ar-Rasas **[110 C1]**

★ Die antike Stadt Kastron Mefaa wurde bereits in der Bibel erwähnt, von Römern bewohnt und schließlich von byzantinischen Christen mit Mosaiken verziert. Sehenswert in der weitgehend zerstörten Stadt sind vor allem die Bodenmosaiken in der *Stephanus-Kirche,* die außerhalb der Stadtmauer steht: Auf diesem größten Bodenmosaik des Landes sind 28 Städte Ägyptens, Jordaniens und Palästinas abgebildet. Figürliche Darstellungen von Menschen wurden von Bilderstürmern zerstört. Kurios ist der rechteckige, 15 m hohe Turm, der weder einen Eingang noch eine Treppe hat. Vermutlich wurde er für einen Eremiten erbaut, der oben auf der Säule lebte. Die Stätte wurde 2004 von der Unesco als Welterbe eingestuft. *Ca. 33 km südlich von Madaba bei Dhiban, links von der Königsstraße abbiegen und der Straße 16 km folgen, die Ruinen sind nicht zu übersehen*

PETRA

[112 C1] ★ Absoluter Höhepunkt jeder Jordanienreise ist der Besuch der Felsenstadt Petra. Der Sandstein, der in allen Farbschattierungen von Violett, Rot, Rosa, Gelb, Beige und Braun leuchtet, die tiefen Schluchten und Wadis sind an sich schon beeindruckend. Die Nabatäer haben ihre großartige Architektur in harmonischen Einklang mit dieser Natur gebracht: In den rosaroten Fels meißelten sie die Fassaden ihrer Tempel, Schatzkammern, Häuser und Gräber. Etwa 800 Monumente sind in Petra und Umgebung erhalten. Der Eingang zur Felsenstadt liegt im Dorf *Wadi Mussa,* in dem sich die Hotels aneinander reihen.

SEHENSWERTES

Die Sehenswürdigkeiten werden in der Reihenfolge des üblichen Rundgangs vorgestellt.

Siq

Zunächst wandern Sie zum Eingang der engen Felsklamm, des Siq, der sich zwischen steilen, 100 m hoch aufragenden Felswänden hindurchschlängelt. Auf dem Weg dorthin sehen Sie rechts drei freistehende *Felswürfel,* vermutlich Blockgräber aus dem 1. Jh. Da ihre Funktion nicht bekannt war, nannten die Beduinen sie »Djinn«-Blöcke, also Geistergräber. Gegenüber liegt das *Obeliskengrab* und darunter ein klassisches nabatäisches Gebäude mit drei Räumen *(Triklinium),* vermutlich eine Halle zur Totenverehrung. Der 1,2 km lange Weg durch den Siq, wahrscheinlich ein ehemaliges Flussbett, zeigt Spuren der nabatäischen Straßenpflasterung, an den Wänden sind Reste der Wasserleitungen zu sehen.

Schatzhaus (Al-Khazne)

Obwohl Sie die Szenerie wahrscheinlich von Fotos oder Plakaten kennen, ist der erste Blick auf das Schatzhaus am Ende der Felsklamm absolut überwältigend. Aus dem Dunkel der immer enger werdenden Schlucht erblickt man unvermittelt zunächst einen Ausschnitt und schließlich die gesamte, 43 m hohe Fassade des Gebäudes. Am frühen Morgen, wenn die Sonne die Fassade anstrahlt, leuchten die vielen Farben des Gesteins. Das

Bauwerk entstand im 1. Jh. v. Chr. als Grabmal für einen nabatäischen König. Die kunstvoll gemeißelte Fassade zeigt nabatäische Götter. Seinen Namen verdankt das Gebäude der Urne auf seiner Spitze, in der die Beduinen wertvolle Schätze vermuteten.

Theater

Am Schatzhaus erweitert sich die Schlucht und geht in die Fassadenstraße über: aneinandergereihte Gebäude, wahrscheinlich Grabmale, mit herrlichen Steinmetzarbeiten. Schließlich gelangen Sie zum in Stein gehauenen *Theater.* Es wurde von den Nabatäern erbaut und von den Römern auf 7000 Plätze erweitert. Von den letzten Sitzreihen aus überblickt man den gesamten Talkessel.

Königsgräber

Gegenüber dem Theater sind teilweise übereinander etwa ein Dutzend Gräber in den Fels gemeißelt. Ihre Fassaden gehören zu den beeindruckendsten der ungefähr 500 Grabmale Petras. Ob sie wirklich für Könige geschaffen wurden, ist nicht bekannt. Das kolossale *Urnengrab* hat einen Vorhof und eine große Haupthalle. Hier richteten die Byzantiner im 5. Jh. eine Kirche ein, wovon im Innenraum eine Inschrift berichtet. Daneben liegt das viel kleinere *Seidengrab,* das seinen Namen dem unglaublichen Reichtum der Farben verdankt: Das Gestein wirkt wie gemasert in Grau, Weiß, Blau und Rosa. Das *Korinthische Grab* hat schon viele Archäologen verwirrt: Der obere Teil ist eine Nachbildung des Schatzhauses, der untere Teil eine Kopie des Trikliniums vor dem Siq. Das daneben liegende *Palastgrab* ist die Nachahmung eines römischen Palastes mit vier Toren und 18 Säulen. Es ist eines der größten und vermutlich jüngsten Monumente von Petra.

Kolonnadenstraße

Hier befinden Sie sich im – relativ zerstörten – Herzen der Stadt. Die Römer pflasterten diese Hauptstraße im 2. Jh., gesäumt war sie rechts und links von Geschäften. Vom Theater kommend sehen Sie rechts am Beginn der Kolonnadenstraße die Reste des *Nymphäums.* Auf der kleinen Anhöhe rechts vom Cardo Maximus werden noch immer eine *byzantinische Kirche* und der *Tempel der geflügelten Löwen* ausgegraben. Der kleine Abstecher lohnt sich, weil die Kirche aus dem 6. Jh. schöne Bodenmosaiken besitzt. Auf den Säulen des Tempels thronten einst geflügelte Löwen. Im Inneren ist die nabatäische Fruchtbarkeitsgöttin Atargatis zu sehen, wie sie auf einem Delphin reitet.

Insider Tipp

Qasr al-Bint Faraun

Was die Beduinen sich nicht erklären konnten, brachten sie mit den Pharaonen in Verbindung. Das Qasr al-Bint Faraun (Schloss der Tochter des Pharaos), das am Ende der Kolonnadenstraße links liegt, ist jedoch ein Tempel für die nabatäische Hauptgöttin Dushara. Dieses wichtigste religiöse Gebäude Petras ist das Einzige, das nicht direkt in den Stein gemeißelt wurde. Es ist eine Symbiose von orientalischer und griechisch-römischer Architektur.

Bergtouren

Wenn Sie glauben, nun hätten Sie Petra gesehen, irren Sie sich. In den umliegenden Bergen, die den Tal-

Ed-Deir macht Besucher im wahrsten Sinne des Wortes atemlos

kessel schützen, sind weitere Monumente versteckt. Sie sind nur über teilweise steil ansteigende Wege zu erreichen. Doch die Mühe dieser Wanderungen lohnt sich unbedingt. Wer will, kann sich auch einen Esel mieten.

Kloster (Ed-Deir): Diese Tour ist Pflicht, auch wenn sie zu den anstrengendsten gehört. Hinter dem *Forum Resthouse* am Ende der Kolonnenstraße beginnt eine Treppe mit 788 Stufen. Wenn man nach einer guten Stunde Ed-Deir erreicht, verschlägt es einem den noch verbliebenen Atem: Ein imposantes, gut erhaltenes Monument, 40 m hoch und 47 m breit, ist hier mitten in der Natur in den gelblichen Stein gehauen. Eine riesige Urne krönt das Dach. Die Einsamkeit des Ortes macht den besonderen Charme aus, auch wenn das Monument weniger fein gearbeitet ist als das Schatzhaus. Wandern Sie noch die paar Meter zu dem links liegenden Aussichtspunkt: Das Wadi Araba liegt zu Ihren Füßen.

Opferstätte: Etwa 200 m vor dem Theater (vom Siq kommend) zweigt ein kleiner Weg ab, der nach halbstündigem Aufstieg zum Opferplatz führt. Auf dem 1035 m hohen Gipfel stehen zwei Obelisken (7 m hoch) zu Ehren nabatäischer Gottheiten: Um sie zu schaffen, wurde der gesamte Berggipfel rundherum weggemeißelt. Auf einem Felsvorsprung liegt der Opferplatz. Die zwei Altäre wurden wahrscheinlich für Tieropfer genutzt. Deutlich zu erkennen sind die Abflussrinnen für das Blut. Von hier oben haben Sie den besten Blick über die im Talkessel gelegene Stadt Petra. Beim Abstieg nach Süden, hinter den Obelisken, kommen Sie an weiteren Sehenswürdigkeiten vorbei: dem *Löwenbrunnen* (aus dem Maul des Löwen floss einst Wasser, das in die Stadt geleitet wurde), dem *Gartengrab* und dem *Grabmal des römischen Soldaten* (benannt nach den drei Statuen über dem Eingang in römischer Rüstung). Sie erreichen Petra beim Qasr al-Bint Faraun.

MUSEUM

Das neue Museum neben dem Forum Resthouse zeigt eine schöne Sammlung von Stelen, Öllampen, Münzen und Krügen. *April–Sept. tgl. 8–19 Uhr, Okt.–März bis 16 Uhr, Eintritt frei*

ESSEN & TRINKEN

Im antiken Petra bietet nur das *Forum Restaurant* ein teures Mittagessen. Picknick mitnehmen!

Cleopatra
Reiche Auswahl an traditioneller jordanischer Küche in sympathischer Atmosphäre. Hier können Sie *maglouba* probieren, eine sehr sättigende Spezialität aus Hammel, Reis und Kartoffeln. Geöffnet tgl. 6–23 Uhr. *Wadi Mussa, Hauptstraße, €*

Petra Pearl Restaurant
Ausgesprochen netter Empfang in diesem kleinen Restaurant, das ausgezeichnete *shawarma* (Hammelfleisch-Döner) anbietet. *Von Petra kommend rechts ab vom Obelisk Circle, €*

ÜBERNACHTEN

Candles Hotel
Mittelklassehotel, nur 500 m vom Eingang nach Petra entfernt. Große, komfortable Zimmer mit Sitzecken. *40 Zi., Wadi Mussa, Tel. 03/ 215 69 54, Fax 215 73 11, www.petracandles.com, €€*

Moon Valley
Freundliches Hotel für Backpacker. Schöner Blick von der Dachterrasse, auf der man im heißen Sommer auch schlafen kann. Zentral gelegen. *17 Zi., Wadi Mussa, an der Hauptstraße, Tel. 03/ 215 71 31, Fax 215 68 24, €*

Orient Gate
Ebenfalls empfehlenswert für Rucksackreisende. Die Zimmer sind sauber und preiswert. Auch Mehrbettzimmer. 10 Minuten Fußweg zum Eingang von Petra. *10 Zi., Wadi Mussa, Tel./Fax 03/215 70 20, orientgatehostel@yahoo.com, €*

Taybet Zaman
Als traditionelles Dorf gestaltete Anlage mit Restaurant, türkischem Bad, Swimmingpool und Läden mit Kunsthandwerk. Besonders schön sind die Zimmer 401 und 406 (Nr. 401 mit Bett unter einem Kuppeldom, Nr. 406 mit weitem Ausblick von der Veranda). Insider Tipp *105 Zi., Taybeh, ca. 9 km vor Wadi Mussa auf der Anhöhe, Tel. 03/215 01 11, Fax 215 01 01, reservation@taybetzaman.com, €€€*

AM ABEND

Unermüdliche können eine *Nachtwanderung durch Petra (Mo, Do 20.30–22.30 Uhr, Besucherzentrum, 12 JD)* machen oder einen Drink in der *Cave Bar (Tel. 03/ 215 62 66)* im Forum Hotel zu sich nehmen. Insider Tipp

AUSKUNFT

Besucherzentrum am Eingang zur Felsenstadt, tgl. 7–16 Uhr, Tel. 03/ 215 60 21, Eintritt 20 JD

Lagerfeuer vorm Beduinenzelt

Vom Sternenhimmel über dem Wadi Rum in die Unterwasserwelt des Roten Meeres

Im äußersten Süden Jordaniens ist Schluss mit der Besichtigung kulturhistorischer Monumente. Keine weiteren Tempel, Kirchen oder Burgen fordern die Aufmerksamkeit der Besucher. Wie zur Belohnung darf man sich entspannen und ganz der Natur hingeben: der einzigartigen Wüstenlandschaft des Wadi Rum und den Wellen des Roten Meeres mit seiner spektakulären Unterwasserwelt in Aqaba – nur eine Autostunde voneinander entfernt. Das Wadi Rum (»Wadi Ramm« ausgesprochen) begeistert auch weit herumgekommene Wüstenfans: Steil aufragende Berge, die an Klippen erinnern, erheben sich unvermittelt aus dem rötlichen Wüstensand. Wer den Film »Lawrence von Arabien« gesehen hat, ahnt zumindest, was ihn erwartet. Teile des Meisterwerks wurden im Wadi Rum an den Originalschauplätzen gedreht.

Wenn man das Gefühl hat, dass einem der feine Wüstensand in allen Poren sitzt, ist es Zeit, nach Aqaba aufzubrechen. Das erste Bad im klaren Wasser des Roten Meeres ist eine unvergessliche Wohltat,

Natürliche Felsenbrücke – eine steinerne Attraktion im Wadi Rum

Pause am Strand von Aqaba

auch wenn die Ankunft in der gesichtslosen Stadt mit ihrem Containerhafen und den Industrieanlagen dem von Naturschönheit verwöhnten Gemüt zunächst einen Schlag versetzt. Doch beim Schnorcheln oder Tauchen in den Korallenriffen, deren Fisch- und Farbreichtum seinesgleichen sucht, ist man schnell wieder versöhnt.

AQABA

[112 B5] Aqaba (60 000 Ew.) ist der einzige Hafen und Meerzugang Jordaniens. Der Küstenabschnitt ist 26 km lang – aber auch nur, weil Saudi-Arabien 1965 in einem Landtausch 12 km dazugeschenkt hat. Auf der anderen Seite der Bucht liegt zum Greifen nah der israelische Badeort Eilat. Der Platzmangel

Aqaba am Roten Meer ist der einzige Hafen Jordaniens

erklärt, warum Touristenstrände, Containerhafen und Phosphatindustrieanlagen in unmittelbarer Nähe zueinander liegen. Die Qualität des Wassers scheint dadurch jedoch genauso wenig zu leiden wie die Korallenriffe vor der Küste.

Der große Containerhafen ist seit langem eine zuverlässigere Einnahmequelle als der Tourismus, der in der Region sehr von politischen Ereignissen beeinflusst wird. Seit der von den USA initiierten Invasion Iraks ist der Hafen einer der Hauptumschlagplätze für Waren nach Irak. Weil er dem Ansturm nicht gewachsen ist, kommt es hier zu langen Wartezeiten – achten Sie auf die Lastwagenfahrer, die tagelang am Straßenrand vor dem Hafen kampieren und auf die Waren warten.

Neuerdings wachsen in Aqaba große Hotelkomplexe aus dem Boden. Trotz alledem hat Aqaba noch immer den Charakter einer ruhigen Kleinstadt, die am Abend belebter ist als andere jordanische Städte, beispielsweise an der mit Palmen gesäumten Corniche. Aqaba hat selbst im Winter mildes Frühlingsklima, im Sommer ist es dagegen sehr heiß. Die durchschnittliche Wassertemperatur liegt bei 23 Grad – ideal zum Schnorcheln oder Tauchen in den Korallenriffen.

SEHENSWERTES

Aquarium
Einen kleinen Einblick in die Flora und Fauna der Unterwasserwelt des Roten Meeres bietet dieses Meeresaquarium. Eigentlich nur interessant für alle, die nicht schnorcheln oder tauchen. *Sa–Do 8–15.45 Uhr, Fr 8–17 Uhr, Eintritt 3 JD, im Zentrum für Meeresforschung bei der Anlegestelle der Passagierfähre*

Fort
In dem von den Mamelucken im 16. Jh. erbauten Fort schlug König Faisal nach seiner Einnahme Aqabas 1917 sein Lager auf. Ursprünglich wurde der Bau als Karawanserei errichtet, um ägyptischen Mekkapilgern Unterkunft zu bieten. Hübsche kleine Anlage am südlichen Ende der Corniche. *Tgl. 7.30 bis 19 Uhr, Eintritt frei*

MUSEUM

Archäologisches Museum
In der ehemaligen Residenz des Sherif Hussein, des Urgroßvaters von König Abdallah II., ist eine kleine Sammlung von Keramiken, Plänen zur Stadtentwicklung Aqabas und Funden aus dem Wadi Rum zu sehen. *Tgl. 7.30–17 Uhr, im Sommer bis 18.30 Uhr, Eintritt 1 JD, Corniche, hinter dem Fort*

ESSEN & TRINKEN

Insider Tipp **Ali Baba**
Eines der beliebtesten Restaurants der Stadt bei den Einheimischen. Neben arabischen Speisen gibt es hier vor allem frischen Fisch, darunter auch *sayadiya,* frittierten Fisch mit festem Fleisch (Barsch, Scholle) auf Reis. *Hammamat Street, nahe dem Baladiya Circle, Tel. 03/201 39 01,* €€

Flokka
Sehr gutes Fischrestaurant, in dem man sich den Fisch am Tresen selbst aussuchen kann. Mit Terrasse. *An-Nahda Street, neben dem Alcazar Hotel, Tel. 03/203 08 60,* €€€

Romero Insider Tipp
Exzellente italienische Küche in traumhaftem Dekor, im Royal Yacht Club gelegen. Von der Terrasse hat man einen wunderbaren Blick auf die Segelboote im Hafen. *Royal Yacht Club, Corniche, Tel. 03/202 24 04,* €€€

EINKAUFEN

Der *Basar* ist lebendig und übersichtlich. Hier gibt es die Flaschen, die mit buntem Sand gefüllt sind, Antiquitäten und andere Souvenirs. Da Aqaba eine Freihandelszone ist, können Sie hier auch preisgünstig Alkohol, Zigaretten, elektronische Geräte oder Kleidung kaufen.

ÜBERNACHTEN

Die Seeseite wird von den Fünf-Sterne-Hotels beherrscht. Diese Ho-

MARCO POLO Highlights »Der Süden«

★ **Coral Bay Hotel & Royal Diving Club**
In Aqaba: Der beste Spot für Schnorchler liegt an diesem Strand (Seite 77)

★ **Wadi Rum**
Stille der Wüste und Beduinenkultur fernab der modernen Zivilisation (Seite 78)

tels verfügen über einen eigenen Strand. Billigere Hotels liegen in der Stadt. Teilweise stehen Shuttles zur Verfügung, um die Gäste an Strände im Süden zu bringen.

Insider Tipp **Alcazar Hotel**
Eines der ältesten großen Hotels der Stadt, hinter dem Mövenpick gelegen. Korrekte Zimmer mit Klimaanlage und Balkon. Das Mobiliar ist etwas altmodisch, was aber einen gewissen Charme hat. Großer Swimmingpool, an dem man ein Bier trinken kann, und ein sehr guter Tauchclub *(Club Murjan). 132 Zi., An-Nahda Street, Tel. 03/201 41 31, Fax 201 41 33, www.alcazarhotel.com,* €€

Aqaba Star Hotel
Einfaches Hotel an der Corniche. Zimmer mit Bad und teilweise mit Meerblick. Orientalisches Dekor in der Lobby. *20 Zi., King Hussein Street, Tel. 03/201 81 47, Fax 201 64 80,* €

Aquamarina I Beach Hotel
Für Taucher das richtige Hotel. Es liegt direkt am Strand und hat den größten Tauchclub mit sechs Booten. *64 Zi., Tel. 03/201 62 50, Fax 201 62 65, www.aquamarina-group.com,* €€

Insider Tipp **Bedouin Garden Village**
Eine gute Alternative zu den billigeren Hotels in der Stadt. Etwa 12 km südlich von Aqaba gelegen, gegenüber dem Tauchspot *Japanese Garden Reef.* Eine Art Camp mit festen Häusern, Terrasse am Pool und Wasserrutsche für Kinder. Nette Atmosphäre. Es gibt auch Zelte zu mieten. Ideal für Rucksackreisende. *25 Zi., Southern Coastal Road, Tel. 079/560 25 21, www.aqaba-bedouin-village.com,* €

Coral Bay Hotel & Royal Diving Club
Geschmackvolle, erst 2005 eröffnete kleine Hotelanlage, direkt an Tauchspots 17 km südlich von Aqaba gelegen. In den Zimmern wird arabischer Stil mit modernem Luxus kombiniert. Salzwasserpool und Strand. Preisermäßigung für Taucher. *69 Zi., Southern Coastal Road, Tel. 03/202 20 80, Fax 201 70 97, www.rdc.jo,* €€€

Mövenpick
Das Luxushotel hat über einen Brückengang, der über die Straße führt, direkten Zugang zum Meer mit eigenem Strand. Gartenanlage mit mehreren Pools und Restaurant, Fitnesscenter und ein großes Wassersportangebot. *235 Zi., King Hussein Street, Tel. 03/203 40 20, Fax 203 40 40, www.moevenpick-hotels.com,* €€€

FREIZEIT & SPORT

Bootstouren
Neuerdings können Sie ein schmuckes, 30 m langes Segelschiff aus Holz mieten, um bei einer Tour durch die Bucht den Sonnenuntergang auf dem Meer zu erleben. Insider Tipp Oder Sie machen einen Tagesausflug per Motorboot zur *Pharaonen-Insel,* die phantastische Fischgründe bietet. Sie werden an Bord bekocht. *Sindbad Maritime Transportation, Tel. 079/554 56 46, thaer@sindbadjo.com*

Tauchen
Aquamarina Diving Center: Großer Tauchclub im Hotel Aquamarina I

Spektakuläre Unterwasserwelt: Korallenriff an der Küste von Aqaba

mit sechs Booten, die Gruppen von 6–80 Personen zu den verschiedenen Spots im Golf von Aqaba bringen. *King Hussein Street, Tel. 03/ 201 62 50, Fax 567 88 43, www.aquamarina-group.com*

Royal Diving Club: Etablierter Tauchclub 17 km südlich von Aqaba. Vom Ponton am Strand aus können Sie sofort lostauchen. *Southern Coastal Road, Tel. 03/ 202 20 80, Fax 201 70 97, www.rdc.jo*

Sea Star Watersports: Im Alcazar Hotel. In diesem Club unterrichten einige der besten Tauchlehrer der Stadt. *Alcazar Hotel, En-Nahda-Street, Tel. 03/201 41 31, Fax 201 4133, www.seastar-watersports.com*

STRÄNDE

In der Stadt gibt es nur einen öffentlichen Strand an der Corniche, der überfüllt ist. Hier baden die einheimischen Frauen in voller Bekleidung. Nicht zu empfehlen. Einige der Hotels mit eigenem Strand gestatten auch die Nutzung durch Besucher.

Barracuda Beach Club

Dieser private Strand hat den Vorteil, dass er in der Stadt liegt. Restaurant und Bar vorhanden. *Neben dem Radisson SAS Hotel, Tel. 03/ 201 98 91 und 074/554 45 13*

Coral Bay Hotel & Royal Diving Club

★ Hier hat man einen freien Blick auf die Berge des Sinai gegenüber. Ein Ponton bietet die beste Möglichkeit für Schnorchler, direkt über Korallenbänken ins Wasser zu gelangen. Schöner Strand, von dem aus man allerdings nicht direkt ins Wasser gehen darf, weil die Korallen hier bis ans Ufer reichen. Es fahren Shuttlebusse in die Stadt. *Eintritt 7 JD, Kinder 3,50 JD, für Taucher frei*

AM ABEND

Insider Tipp
Barracuda Beach Club

In dieser Strandanlage werden jeden Freitag Beachpartys organisiert. Mit Live-DJ und Alkohol. *Neben dem Radisson SAS Hotel, Tel. 03/201 98 91*

Insider Tipp
Rovers Return

Auf der Terrasse können Sie bei einem Drink den wunderbaren Blick über die nächtliche Bucht genießen. *Im Gateway am Baladiya Circle, Tel. 03/203 20 30, tgl. 12 bis 1.30 Uhr*

AUSKUNFT

Besucherzentrum hinter der Festung, tgl. 8–14.30 Uhr, Tel. 03/201 33 63

ZIEL IN DER UMGEBUNG

Insider Tipp
Dampflokfahrt ins Wadi Rum [112 B–C 4–5]

Im Herbst 2005 ist das Teilstück der historischen *Hedjazbahn* zwischen Aqaba und dem Wadi Rum wieder für den Personenverkehr in Betrieb genommen worden. Zweieinhalb Stunden dauert die Fahrt im Nostalgiezug vom Taucherparadies in die Wüste Wadi Rum. Während der langsamen Fahrt können sich die Urlauber im Speisewagen orientalisches Essen schmecken lassen. Die Züge verkehren zweimal wöchentlich. *Informationen bei der Aqaba Special Economic Zone Authority, Tel. 03/203 25 86, www.see-jordan.com*

WADI RUM

[112 C4–5] ★ »Unermesslich, vom Echo widerhallend, göttlich« – so hat Lawrence von Arabien diese Wüstenlandschaft bezeichnet. Vor 30 Mio. Jahren wurden die Gesteinsformationen aus tieferen Erdschichten emporgeworfen. Teilweise wie Säulen oder Pfeiler ragen sie aus der Erde. Die Felsformation links vor dem neuen Besucherzentrum heißt daher auch »Die sieben Säulen der Weisheit«, benannt nach der Autobiografie des T. E. Lawrence. Die durch die großen Temperaturunterschiede zwischen Tag und Nacht bedingte extreme Erosion hat das Massiv weiter aufgebrochen, zerklüftet und zu phantastischen Formen aufgesprengt.

Das Wadi Rum gehört zum Territorium des Howeitat-Stammes. Ein Teil der Howeitat lebt im Dorf *Rum.* Die hässliche Siedlung entspricht zwar nicht dem Bild, das Touristen vom Leben der Beduinen haben. Aber die Entscheidung der Regierung, die Häuser hinter hohen Mauern zu verstecken und die Wege mit landesuntypischen Laternenmasten zu säumen, macht den Ort endgültig zu einem architektonischen Kuriosum. Einige Familien leben weiterhin mit ihren Ziegen und Kamelen in der Wüste. Eine weitere Einnahmequelle ist der Schmuggel. Über die nahe gelegene Grenze zu Saudi-Arabien werden billiges Benzin, Kühlschränke und andere Waren bezogen.

Neuerdings möchte die Zentralregierung auch an den Touristen im Wadi Rum mehr mitverdienen. So empfängt die Besucher etwa 6 km vor dem Dorf ein riesiger Parkplatz.

In den Felsschluchten des Wadi Rum sind Jeeps ein Hauptverkehrsmittel

Im Besucherzentrum buchen die Reisenden eine festgelegte Tour und bekommen einen Beduinen als Führer zugeteilt. Da die Bewohner des Wadi Rum nicht wollen, dass Rivalen aus dem nahe gelegenen *Disi* in ihrem Revier arbeiten, wurden verschiedene Zonen geschaffen. Achten Sie darauf, dass Sie eine Tour wählen, die in Rum beginnt, die Tour ist landschaftlich besonders spektakulär. Das können Sie sicherstellen, indem Sie den Nabatäer-Tempel auf Ihre Wunschliste setzen. Für die meisten Touren werden Jeeps und Pick-ups angeboten, so können Sie die Sehenswürdigkeiten innerhalb weniger Stunden abfahren. Sie können aber auch Kamele oder Pferde mieten oder zu Fuß gehen. Auf jeden Fall sollten Sie eine Nacht im Wadi Rum im Beduinenzelt verbringen. Der Sonnenuntergang und der Sternenhimmel sind traumhaft.

SEHENSWERTES

Ain Shelaali (Lawrence-Quelle)

Diese Quelle erwähnte Lawrence von Arabien in seiner Autobiografie. Es gibt hier einige nabatäische Inschriften, ansonsten ist der Ort wenig aufregend. Wenn Sie ein Stück weit klettern, haben Sie einen schönen Blick über das Wadi Shelaali.

Burdah-Felsenbrücke (Rock Bridge)

Tief im Wadi versteckt hat sich hier diese natürliche Felsenbrücke in etwa 80 m Höhe gebildet. Mutige klettern hinauf und lassen sich fotografieren, was aber nicht ganz ungefährlich ist.

Kleiner Siq

Eine enge Felsschlucht, in der terrassenartig natürliche Wasserbecken liegen. *Jebel Khazali*

Lawrence House
Ein Haufen Steine erinnert an die Unterkunft, in der der britische Abenteurer übernachtete. Die nahe gelegene rote Sanddüne ist einen Abstecher wert.

Nabatäer-Tempel
Etwa 500 m hinter dem Dorf am Eingang zum Wadi Rum sind die Reste eines Nabatäer-Tempels (1. Jh.) zu sehen, der später von den Römern vergrößert wurde.

Insider Tipp **Oryx-Gehege**
In diesem Gehege mitten im Wadi Rum können Sie die großen, weißen Oryx-Antilopen bewundern, die durch ungezügelte Jagd ausgerottet worden waren. 2002 wurde hier eine kleine Herde dieser Säbelantilopen wieder angesiedelt.

Umm Frouth
Die so genannte Kleine Brücke ist für Souvenirfotos genauso geeignet wie die Burdah-Felsenbrücke. Da dieser Felsbogen sich nur etwa 20 m über dem Boden erhebt, ist er leichter zu besteigen. Schwindelfrei sollte man aber dennoch sein.

ESSEN & TRINKEN

Im Besucherzentrum gibt es ein eher teures Restaurant, ebenso im alten Resthouse am Dorfeingang (€€). Daneben stehen einige kleine Restaurants zur Auswahl. Am besten ist es, sich von Beduinen im Zelt bekochen zu lassen.

ÜBERNACHTEN

Übernachten im Beduinenzelt
Die einzig zünftige Art, im Wadi Rum zu übernachten: im Beduinenzelt draußen in der Wüste. Das können Sie im Besucherzentrum arrangieren. Obwohl die Beduinen dicke Decken und Matratzen im Zelt zur Verfügung stellen, sollte man im Winter einen Schlafsack dabeihaben. Aus hygienischen Gründen ist stets das Mitbringen eines Bett- und Kopfkissenbezugs zu empfehlen. Achtung: Bei Disi wurden Beduinenlager aufgebaut, die über elektrisches Licht und Disko verfügen. Die Stille der Wüste erleben Sie dort nicht. *Übernachtung im Beduinenzelt mit Abendessen und Frühstück 25 JD pro Person*

Zeltlager am Resthouse
Die einzige Übernachtungsmöglichkeit in Rum ist das Zeltlager am Resthouse. Zweimannzelte stehen hier wenig romantisch neben dem Parkplatz. *30 Zelte für je 2 Personen, Tel. 03/201 88 67, €*

TOUR MIT BEDUINEN

Es gibt noch immer eine Möglichkeit, direkt mit einem bestimmten Beduinen Ihren Aufenthalt zu organisieren. Senden Sie dazu mindestens 48 Stunden vor dem Besuch eine E-Mail oder ein Fax (in Englisch), damit er die Erlaubnis der Behörden einholen kann. Das lohnt sich, wenn man in einem bestimmten Beduinenlager übernachten will. Den schönsten Standort auf einer Anhöhe hat das *Lager von Zidane Al-Zalabieh* (Insider Tipp) *(Mobiltel. 079/ 550 64 17, Tel. 03/203 41 77, Fax 203 26 07, zedn_a@yahoo.com)*, der Ihnen am Abend islamische Poesie vorträgt, wenn er gut gelaunt ist. Wenige Kilometer weiter hat sein Bruder Eid sein Lager im Schatten eines Felsens *(Mobiltel.*

Gemächlicher Plausch im Wüstensand: Beduinen im Zelt

079/581 40 97, Tel./Fax 03/203 53 21, eidsabah@yahoo.com). Erleben Sie, wie die Beduinen Fleisch und Gemüse unter der Erde im Sand kochen – ohne dass ein Sandkorn in Ihrem Teller landet. Außerdem kennen die Brüder eine spannende Tour zum *Wadi Sabet* (auch *Tariq Abu Gaspard*). Auf dem Berg hat man einen einmaligen Rundblick bis zu den saudischen Bergen, im Tal verläuft eine enge Schlucht, die zwei Wadis voneinander trennt.

FREIZEIT & SPORT

Klettern

Immer beliebter wird das Wadi Rum auch bei europäischen Kletterern. Sie sollten einen der lokalen Führer mitnehmen; sie werden im Besucherzentrum vermittelt. Der unangefochtene Kletterkönig des Wadi Rum ist *Attayag Zalabia (Tel. 079/583 47 36, Büro Tel. 079/589 97 23, Fax 03/203 26 51, bedouinroads@yahoo.com).*

Reiten

Der einzige Pferdeverleih liegt etwa 200 m rechts von der Straße, die ins Wadi Rum führt, vor der Kreuzung nach Disi (Ausritte, Tagestouren auch mit Übernachtung). *Atallah, Tel. 03/203 35 08, mobil 079/580 21 08*

AUSKUNFT

Besucherzentrum am Eingang zum Wadi Rum, tgl. 7.30–19.30 Uhr, Tel. 03/209 06 00, Fax 203 25 86, Eintritt 2 JD, Mitnahme des eigenen PKW 5 JD pro Tag, PKW mit Vierradantrieb und Führer (für bis zu sechs Personen) halber Tag 20–35 JD, ganzer Tag mit komplettem Besuchsprogramm 50 JD, Kamelritt ganzer Tag 20 JD

قال يسوع

Königs Geburtshaus und Taufplatz Jesu

Die Touren sind in der Karte auf dem hinteren Umschlag und im Reiseatlas ab Seite 108 grün markiert

1 AUF DEN SPUREN DER BIBEL

In Jordanien dient die Bibel auch als Reiseführer. Im Alten und Neuen Testament sind etwa 100 Orte genannt, die auf dem Gebiet des haschemitischen Königreichs liegen. Die Namen der Propheten sowie anderer Verkünder der monotheistischen Religionen sind eng mit der Landschaft östlich des Jordans verknüpft. Entlang der Jordansenke, auf den Anhöhen über dem Toten Meer und bis ins Wadi Araba können Sie auf den Spuren der Gründer von Judentum und Christentum wandeln und teilweise ihre Wege nachverfolgen. Eine Tour zu den wichtigsten christlichen und jüdischen Stätten können Sie von Amman aus an einem Tag machen (150 km).

Die *Taufstätte Jesu (S. 55)* im Jordantal ist Ausgangspunkt dieser Tour durchs Heilige Land. Von *Amman (S. 27)* aus erreichen Sie das große Areal (auf Arabisch *Al-Maghtas*) in etwa 40 Minuten mit dem Auto (50 km). Von Amman fahren Sie in Richtung Totes Meer, bis es am Ende nicht mehr geradeaus weitergeht: Links liegt das Tote Meer, rechts geht es zur Taufstätte. Hier soll Bethanien liegen, der Ort, an dem Johannes der Täufer lebte und Jesus taufte (»Bethanien jenseits des Jordan, wo Johannes taufte«, Johannes 1,28). Hierher soll Jesus Jahre später zurückgekehrt sein, so heißt es bei Johannes 10,40: »... und zog hin wieder jenseits des Jordan an den Ort, da Johannes zuvor getauft hatte, und blieb allda.« Der Ort hat bereits heiligen Charakter, seit im 9. Jh. v. Chr. der Prophet Elias hier lebte. Die Bibel erzählt, dass Elias das Wasser des Jordans teilte und den Fluss trockenen Fußes mit seinem Nachfolger, dem Propheten Elisa, überquerte, bevor er in den Himmel emporstieg (2. Buch Könige 2,5–14). Jener kleine Hügel, von dem Elias »... im feurigen Wagen mit feurigen Rossen im Wetter gen Himmel ...« aufstieg, ist als *Elias-Hügel* bekannt und bildet das Herz Bethaniens.

Wenn Sie nach der etwa zweistündigen Visite eine Pause einlegen wollen, können Sie am *Amman*

Berg Nebo: Von hier sah Moses nach dem Auszug aus Ägypten das Gelobte Land

Beach, südlich der Luxushotels, ein Bad im Toten Meer nehmen. Sonst fahren Sie sofort einige Kilometer auf der Straße nach Amman zurück, bevor Sie im Dorf *Kufrein* rechts in Richtung Madaba abbiegen. Die Straße schlängelt sich wunderschön die Anhöhe hinauf bis zum *Berg Nebo (S. 66).* Hier soll Moses nach dem Auszug aus Ägypten erstmals das Gelobte Land gesehen haben (5. Buch Mose 34). Dort ist er im Alter von 120 Jahren auch gestorben, begraben sein soll er »gegenüber Beth-Peor« (5. Buch Mose 34,6). Das alte Beth-Peor liegt östlich des Berges Nebo bei den Moses-Quellen. Das Grab Mose ist jedoch unbekannt.

Wenige Kilometer weiter liegt die christliche Stadt *Madaba (S. 65),* in der zahlreiche Kirchen zu besichtigen sind. Hier finden Sie auch die älteste Landkarte der Region, als Mosaik in der *St.-Georgs-Kirche (King Talal Street).* Das traditionelle Restaurant *Haret Jdouna (S. 66),* in der gleichen Straße gelegen wie die St.-Georgs-Kirche, lädt zum Verschnaufen ein.

Wenn Sie die *Königsstraße* Richtung Süden nehmen, befinden Sie sich auf einem der ältesten Verkehrswege der Welt, den auch Moses benutzt haben soll. 12 km südlich von Madaba geht es rechts ab nach *Mukawir.* Dies ist einer der furchteinflößendsten Orte im gesamten Heiligen Land. Im damaligen Machärus stand ein befestigtes Bergschloss des Königs Herodes Antipas. Er nahm Johannes den Täufer gefangen, weil der ihm die unrechtmäßige Verbindung mit seiner Schwägerin Herodias öffentlich vorgehalten hatte. Die von Hass erfüllte Herodias bewegte ihre Tochter Salome – als diese gegenüber dem von ihrem Tanz entzückten Vater einen Wunsch äußern durfte –, Johannes' Kopf zu fordern. Johannes wurde enthauptet, Salome brachte der Mutter das Haupt auf einer Schale (Markusevangelium 6,14–29). In Mukawir sind heute nur noch einige *Fundamente der Machärus-Festung* zu sehen, aber der Blick ist zauberhaft. Von hier über Madaba sind es 45 km zurück nach Amman.

Insider Tipp

2 SPAZIERGANG DURCH DAS VILLENVIERTEL IN JEBEL AMMAN

In diesem Viertel Ammans am Ende der Rainbow Street, die vom 1st Circle Richtung Osten abgeht, können Sie die neuere Geschichte Jordaniens ablesen. Nach einem Erdbeben 1927 wurden viele der von tscherkessischen Einwanderern erbauten Häuser zerstört. Die Elite des neuen Emirats Transjordanien erbaute hier unter König Talal, dem Vater des 1999 gestorbenen Königs Hussein, ihre Residenzen. Alle großen transjordanischen Familien sind hier vertreten. Allerdings stehen viele der architektonisch interessanten Häuser leer und verfallen. Zweistündiger Spaziergang mit Cafépausen.

Auf der rechten Seite der *Rainbow Street* (vom 1st Circle kommend nach etwa 1 km) steht an der Ecke Rifahat at-Tahtawi Street das bescheidene *Geburtshaus von König Hussein.* Auch sein Bruder, der langjährige Kronprinz Hassan, erblickte hier das Licht der Welt. Das schmucklose, graue Gebäude mit den grünen Balkons erinnert an die

Insider Tipp

Ländliche Szene bei Madaba: Nomadin beim Schafemelken

Armut des Königshauses in seinen Anfängen. Einige ältere Anwohner erinnern sich noch an die ersten Kinder- und Jugendjahre des verstorbenen Königs Hussein, die er hier verbracht hat.

Überqueren Sie die Rainbow Street und gehen links die *Fawzy al-Maalouf Street* hinein, finden Sie auf der linken Seite zunächst die *Jordan River Foundation (S. 34)*, die in einem *Haus der christlichen Familie Qussus* untergebracht ist. Hier residierte auch der Vertreter Großbritanniens in Transjordanien, Alec Kirkbride. Heute werden hier Handwerksarbeiten verkauft. 50 m weiter steht auf der linken Seite das aus weißem Stein erbaute *Haus der Familie Bilbaysi* und daneben der aus rosa und weißem Kalkstein gebaute *Palast* der Familie. Ismael Bilbaysi war ein ägyptischer Einwanderer, der vom Bauarbeiter zum Pascha aufstieg. Im Palast wurden Gäste der königlichen Familie untergebracht, weil der ursprüngliche königliche Palast zu klein war. In jüngster Zeit will eine Anwohnergemeinschaft das Viertel aufwerten. Sie organisiert einen Floh- und Handwerkermarkt, der freitags in der neuen Fußgängerzone der Fawzy al-Maalouf Street stattfinden soll. Am Ende führt eine kleine Treppe zum *Café Wild Jordan (S. 33)*, wo Sie bei einem leckeren Fruchtcocktail oder einem originellen Salat die Aussicht genießen können.

Gehen Sie die Fawzy al-Maalouf Street zurück und über die Rainbow Street hinüber in die *Rifahat at-Tahtawi Street*, so finden Sie auf der linken Seite das große *Wohnhaus der christlichen Muasher-Familie*, aus der auch der Vizepremierminister Marwan Muasher stammt. Gegenüber liegt die *Ahliyya-Schule*, von britischen Missionaren 1926 gegründet. Das *Grundstück Nr. 40* ist von hohen Mauern umgeben. Hier lebte der britische Offizier Glubb Pascha, der in den 1930er-Jahren die Arabische Legion trainierte und führte. Gehen Sie am Ende links die *Omar Bin al-Khattab Street* entlang, bis Sie auf der linken Seite das *Books@Cafe (S. 32)* finden. Von der Terrasse im ersten Stock haben Sie einen weiten Ausblick auf den Ostteil Ammans.

3 VON NORD NACH SÜD DURCH DIE NATURSCHUTZGEBIETE

Sie wollen Kultur mit Natur verbinden? Dann erkunden Sie Jordanien anhand seiner Naturschutzgebiete, die alle über originelle, empfehlenswerte Übernachtungsmöglichkeiten verfügen. Und in jedem Naturschutzgebiet gibt es mehrere, unterschiedlich schwierige Wanderwege, die markiert sind. Für manche Strecken, wie für die schwierigen Kletterrouten im Wadi Mujib, müssen Sie einen Führer nehmen. Es empfiehlt sich, bei der Königlichen Gesellschaft für Naturschutz (RSCN) im Café Wild Jordan in Amman Prospekte und Informationen einzuholen. Manche Gebiete sind im Sommer oder im Winter geschlossen. Unbedingt voranmelden für Übernachtung in Camps und für geführte Tageswanderungen. Mehrtägige Rundfahrt über etwa 740 km.

Sie verlassen *Amman (S. 27)* am 8th Circle Richtung *Jerash (S. 42)* (die Ausfahrt Jerash-Süd führt zur Stadt) und fahren von dort weiter nach *Ajlun (S. 39)*. In Ajlun geht es weiter in Richtung *Ishtafeina*. Biegen Sie an der Kreuzung nach Ishtafeina links ab, und folgen Sie den Schildern zum *Ajloun Nature Reserve* (Anfahrt etwa eineinhalb Stunden, 70 km). Die Besucher schlafen in originellen Pfahlbauten mit Veranda, deren Wände und Decken mit Zeltstoff bespannt sind. Betten mit Matratzen und ein kleines Restaurant auf dem Dach des Besucherzentrums sorgen für einen gewissen Komfort. Von hier gibt es Wanderwege von 1–5 Std. Dauer durch das 1988 eingerichtete Naturschutzgebiet. Dabei geht es durch Wälder immergrüner, niedriger Eichen, doch es finden sich auch Pistazien- und Erdbeerbäume. Starke Abholzungen hatten zum Aussterben von Rehen und mesopotamischen Damhirschen geführt. In einem Zuchtgehege wird versucht, zumindest Rehe in der mediterranen Landschaft wieder anzusiedeln. Vom Zeltlager aus bieten sich außerdem Ausflüge zur Burg *Qala'at ar-Rabad (S. 39)* in Ajlun oder nach *Pella (S. 54)* an.

Bei der Abreise über Ajlun fahren Sie Richtung *Jordantal (S. 53)* und im Tal nach Süden bis zum *Toten Meer (S. 56)*. Hier können Sie am öffentlichen *Amman Beach* ein Bad nehmen oder die 30 km bis zum *Wadi Mujib (S. 59)* weiterfahren. Nicht zu übersehen ist die Brücke über die Mündung des Wadi Mujib. Kurz davor links liegt das *Besucherzentrum*, rechts wird ein Übernachtungscamp gebaut. Von hier aus werden verschiedene Wanderungen angeboten. Ein einfacher, dreistündiger Spaziergang führt in Gebiete, wo die Ibex (Steinböcke) leben. Oder Sie unternehmen eine Klettertour durch das Wadi. Die Wanderung, bei der man sich teils abseilen und durch hohes Wasser

Einladung an Wanderfreunde: Landschaft bei Ajlun

waten muss, ist für Kinder unter 12 Jahren und Unsportliche nicht geeignet, für Kletter- und Abenteuerfreunde dagegen das Richtige.

Vom Wadi Mujib nach *Dana (S. 61)* sind es etwa 140 km. Dazu folgen Sie der Straße am Meer weiter bis zu den Pottasche-Industrien. Hier geht links eine Straße nach *Karak (S. 63)* ab, die Sie auf die Berge und die *Königsstraße* führt. Nicht verpassen – danach gibt es bis Aqaba keine Möglichkeit mehr, auf das Hochplateau zu gelangen. Die Königsstraße führt in kurvenreicher Strecke über *Tafila* zum *Naturschutzgebiet Dana.* Wenige Kilometer vor *Qadisiya* geht es rechts ab zum *Rummana-Camp (S. 63).* Oder Sie fahren weiter bis nach Qadisiya, wo es in das alte *Dorf Dana* abgeht. Hier warten drei schöne, einfache Hotels. Im Besucherzentrum werden Sie über Wanderwege informiert und können einen Führer engagieren. Von hier aus können Sie auch zur *Öko-Lodge (S. 59)* im Wadi Feinan wandern (4–5 Std., 14 km) und dort übernachten. Die Wanderung führt quer durch die Canyonlandschaft mit den rundgewaschenen Felsen in rötlichen, braunen und bläulichen Farbtönen.

Von Dana oder dem Rummana-Zeltlager aus fahren Sie auf der Königsstraße weiter nach Süden und hinter dem Dorf *Al-Fujayi* an der Weggabelung links auf den *Wüstenhighway.* Von hier gelangen Sie in etwa zwei Stunden zum 140 km entfernten *Wadi Rum (S. 78)* – dazu biegen Sie etwa 20 km vor Aqaba links ab. In dieser kleinen, rötlichen Wüste, die an Saudi-Arabien grenzt, können Sie im Beduinenzelt übernachten. Zu Fuß oder auf dem Kamelrücken können Sie hier die Natur erleben. Auf dem Wüstenhighway fahren Sie die etwa 300 km zurück nach Amman.

Tauchen, Wandern und Klettern

Jordanien hält immer mehr spannende Spots für Sportsfreunde bereit

Hat Jordanien lange mit seinen Kulturdenkmälern und biblischen Orten um Touristen geworben, so lockt das Königreich mittlerweile immer mehr auch mit sportlichen Angeboten. Das Tauchen und Schnorcheln in den Korallenriffen im Roten Meer bei Aqaba gehört zu den Hauptattraktionen. Bei Wassertemperaturen von durchschnittlich 23 Grad finden sich hier ideale Bedingungen für die Erkundung der bunten Fauna und Flora unter Wasser. Die Korallenriffe des Roten Meeres gehören zu den schönsten der Welt. Doch auch Wanderer finden in den Naturschutzgebieten des Landes immer mehr Neues: Übernachtungsmöglichkeiten mitten in der Natur, Wanderwege und ausgebildete Führer bilden eine solide Infrastruktur. Zu Fuß können so unterschiedliche Regionen wie die mediterran-hügelige Landschaft im Norden, die Canyons von Dana oder die Wüste des Wadi Rum erkundet werden. Und für besonders Sportliche und Abenteuerlustige bietet das Wadi Mujib aufregende Klettertouren durch Schluchten mit Wildwasser.

Mit den Fischen auf Du und Du: Taucher vor der Küste von Aqaba

Freeclimber entdecken die schroffen Felsen des Wadi Rum, die aber auch schon erste Drachenflieger zum Start nutzen.

GOLF

Golfspieler kommen in dem Wüstenland nicht wirklich auf ihre Kosten. Es sei denn, sie suchen das Außergewöhnliche und wollen einmal auf Sand und Fels spielen. Dann müssen sie für den Abschlag aber eine kleine Matte aus Plastikrasen dabeihaben. Die brauchen sie auf dem bisher einzigen Golfplatz des Landes, dem *Bisharat Golf Club* südlich von Amman. Wächst hier im Frühjahr noch Gras, so ist die Erde spätestens ab dem Frühsommer verbrannt. Wassergräben und Teiche gibt es hier nicht, dafür ein Clubhaus mit großer Terrasse, auf der man in familiärer Atmosphäre den einen oder anderen Botschafter kennen lernen kann. Neun Löcher können zu einem 18-Loch-Parcours verbunden werden. *Bishara Golf Club, Airport Road, Tel. 079/552 03 34 oder 079/582 88 88, 15 km südlich von Amman, Abfahrt Choueifat School, hinter der Schule rechts abbiegen und der Straße bis zur Clubeinfahrt folgen*

KLETTERN

Im Naturschutzgebiet *Wadi Mujib* gibt es eine Klettertour, die vom Berg hinunter zum Toten Meer führt. Dabei müssen sich die Kletterer teilweise abseilen und durch tiefes Wasser waten oder schwimmen. *Informationen und Voranmeldung bei der Royal Society for the Conservation of Nature im Café Wild Jordan in Amman, Osman min Anan Street (geht von der Rainbow Street unterhalb des 1st Circle links ab), Tel. 06/46 14 83 oder 06/463 35 89, www.rscn.org.jo*

Im *Wadi Rum* gibt es die Möglichkeit zum Freeclimbing. Allerdings gibt es keine ausgewiesenen oder präparierten Kletterpfade. Nach einem Führer können Sie im *Besucherzentrum am Eingang zum Wadi Rum* fragen, oder Sie kontaktieren Insider Tipp *Attayag Zalabia (Tel. 079/583 47 36, Büro Tel. 079/589 97 23, Fax 03/203 26 51, bedouinroads@yahoo.com).*

Das Buch *Treks & Climbs in Wadi Rum* von Tony Howard führt zahlreiche Klettertouren auf.

REITEN

In der Umgebung von Amman gibt es mehrere Reitställe. Doch hier kann man eigentlich nur im Schritt ausreiten, weil der Untergrund felsig ist und die Pferde bei schnelleren Gangarten ausrutschen würden. Empfehlenswert ist die kleine Anlage der *Saifi Stables* südlich von Amman. Samantha Mahdi al-Saifi leitet den familienfreundlichen und professionellen Reitstall, in dem Araber- und europäische Pferde zur Verfügung stehen. Sie spricht Deutsch, weil ihre Mutter Deutsche ist. Kinder können auf Ponys reiten und mit den Hunden spielen. *Saifi Stables, Tel. 06/429 13 40, mobil 077/544 22 22, www.saifistables.com, Airport Road (15 km) bis Ausfahrt Choueifat School, an der Schule links abbiegen und bei der nächsten Kreuzung rechts, vorbei am Arabian Horse Club bis zum Ende des Feldwegs*

Insider Tipp Für Ausritte eignet sich am besten das sandige *Wadi Rum.* Die endlose Weite bietet sich zum Galoppieren an. Tagestouren auch mit Übernachtung bietet der einzige Pferdeverleih, der an der Zufahrtsstraße zum Wadi Rum auf der rechten Seite liegt. *Atallah, Tel. 03/203 35 08, mobil 079/580 21 08*

TAUCHEN

★ In *Aqaba* bieten mehrere Tauchclubs Ausrüstung und Unterricht an. Während man im *Royal Diving Club* einige Korallenriffe gleich vor dem Strand findet, fahren andere Tauchschulen mit Booten zu den Spots, die sich an der südlichen Küste bis zur saudischen Grenze hinziehen. Besondere Attraktionen sind ein russischer Panzer und ein libanesisches Frachtschiff, die für Taucher versenkt wurden. Auch ein Tagesausflug zur *Pharaonen-Insel,* die bereits in ägyptischen Gewässern liegt und besonders schöne Tauchgründe hat, ist zu empfehlen.

Alle Tauchschulen bieten Tauchkurse und Kurse zum Wiederauffrischen nach dem international gültigen PADI-System an. Theoretische und praktische Prüfungen können hier abgelegt werden. Die komplette Ausrüstung vom Tauchanzug über die Flossen bis zu Sauerstoffflaschen können Sie mieten. Auch

Schnell, laut, trendy: Jetskifahren in den Gewässern von Aqaba

für Kinder sind die entsprechenden Größen vorhanden.

Wandern

Die Königliche Gesellschaft für Naturschutz (RSCN), eine der landestypischen Nichtregierungsorganisationen unter königlicher Aufsicht, betreibt die Naturschutzgebiete des Landes. Markierte Wanderwege laden zu Wanderungen durch die abwechslungsreiche Natur ein (Führer sind vorhanden). Dabei gibt es verschiedene Schwierigkeitsgrade, vom einfachen Spaziergang bis zur schwierigen Klettertour. Das *Ajlun-Naturschutzgebiet* etwa 80 km nördlich von Amman lockt mit mediterran wirkender Hügellandschaft, in der niedrige Eichen, Föhren und der wilde Erdbeerbaum mit seinem roten Stamm wachsen. In *Dana* gehen die Wanderungen durch eine Canyonlandschaft mit farbenfrohen Felsen. Die Gesellschaft hält in den Naturschutzgebieten auch Übernachtungsmöglichkeiten bereit. *Informationen und Voranmeldung bei der RSCN (Royal Society for the Conservation of Nature), im Café Wild Jordan in Amman, Osman min Anan Street (geht von der Rainbow Street unterhalb des 1st Circle links ab), Tel. 06/46 14 83 und 06/463 35 89, www.rscn.org.jo*

Wasserski & Scooter

Die großen Hotels in Aqaba, die direkt am Wasser liegen (Mövenpick, Aquamarina I, Intercontinental), bieten verschiedene Wassersportarten an – dazu gehören Wasserski und Scooter. Windsurfen ist bisher nicht verbreitet, möglicherweise, weil Sportler zu leicht die Grenze zu Israel, die im Wasser des Golfs verläuft, überqueren könnten.

Das Kind ist hier König

Kleine Abenteurer sind in Jordanien überall willkommen. Sie begeistern sich vor allem für Wüstentouren und Badeorgien

Kinder sind in Jordanien besonders willkommen. Die Jordanier lieben Kinder und verwöhnen sie. So werden Sie es nie erleben, dass ein Kellner schimpft, weil die Kinder im Restaurant herumrennen. Mit Kindern wird man oft noch wohlwollender empfangen als ohne, und kindliche Sonderwünsche werden gern erfüllt. Allerdings bietet Jordanien wenig speziell auf Kinder eingerichtete Attraktionen. Eine Ausnahme ist das *Al-Haya-Kulturzentrum für Kinder (Elia Abu Madi Street, Shmeisani, Sa–Do 9–18 Uhr, Tel. 06/566 51 95).* in Amman. Hier gibt es einen Verkehrsübungsplatz mit Fahrrädern und Gokarts, Malräume und zwei kleine Ausstellungen über Wissenschaft und jordanische Traditionen. Spannend finden Kinder auch das *Königliche Automobilmuseum (S. 31).* Beenden Sie den Tag in Amman bei *Gérard* am Abdoun Circle: Hier gibt es das beste Eis der Stadt.

Ansonsten bietet Jordanien für Kinder vor allem Natur und Tiere. Besuchen Sie die Naturschutzgebiete, wo auch die Übernachtungen im Zelt oder im Pfahlbau eine Attraktion sind. Die langen Märsche durch Petra sind für Kinder ermüdend. Daher sollten Sie nach dem Siq einen Esel mieten. (Im 1,2 km langen Zugang durch die Felsenschlucht sind Esel nicht erlaubt.) Stundenlang werden Ihnen die Kinder auf seinem Rücken bis zu den abgelegensten Tempeln und Gräbern folgen. Besonders fasziniert sind Kinder jedoch von der Wüste und Kamelen. Eine Nacht im Beduinenzelt im Wadi Rum ist ein unvergessliches Erlebnis für Stadt- und Landkinder. Vereinbaren Sie mit dem Beduinen, dass er ein Kamel bereitstellt, auf dem die Kinder kleine Ausfüge in die Umgebung machen können.

Das Tote Meer ist für kleine Kinder nicht geeignet, weil das Salzwasser in den Augen und auf Schleimhäuten brennt. Hier ist es ratsam, einen Hotelstrand mit Pool zu nutzen. Das Rote Meer ist bei Kindern weitaus beliebter, denn hier können sie an den Hotelstränden sorglos plantschen. Auch eine Fahrt im Glasbodenboot macht Kindern Spaß, allerdings sieht man bei dieser Rundfahrt durch die Bucht vor Aqaba nur wenige Fische.

Stolz der Familie: Jordanien ist ein kinderfreundliches Land

Angesagt!

Was Sie wissen sollten über Trends, die Szene und Kuriositäten in Jordanien

Jordanien stellt den Superstar

Jordanien hat zur zeitgenössischen Kunst- und Musikproduktion der arabischen Welt nicht gerade viel beigetragen. Aber das kleine Königreich stellt den ersten »Arab Super Star«: Diana Carazon wurde von den Zuschauern in der gesamten arabischen Welt zur Siegerin dieses ersten Talentwettbewerbs gekürt, den der libanesische Fernsehsender Future TV nach dem britischen Vorbild des »Pop Idol« organisierte. Die Kandidaten interpretierten technisch anspruchsvolle Lieder arabischer Diven wie Um Kalthoum. Die wenig glamouröse Carazon setzte sich dank ihrer wirklich guten Stimme durch – und ist damit der erste Musikstar Jordaniens.

Schönheitssalon

Wundern Sie sich nicht, wenn die jungen Mädchen und Frauen der jordanischen Oberschicht meist aussehen, als kämen sie direkt aus dem Schönheitssalon. Genauso ist es. Maniküre und Pediküre einmal pro Woche gehören zum Pflichtprogramm. Natürliche Augenbrauen werden Sie vergeblich suchen – man steht auf schmale, zurechtgezupfte Linien. Selbst auf den Armen werden Sie selten Körperhaare entdecken – alles entfernt. Der Salon ist außerdem sozialer Treffpunkt. Freundinnen verabreden sich zum Plaudern, während oft zwei Angestellte gleichzeitig die Fingernägel und die Füße bearbeiten. Die Zeit dafür bringen selbst berufstätige Frauen auf – in diesen Kreisen kümmern sich Angestellte um Haushalt und Kinder.

Der Prinz und Taekwondo

Sport zählt nicht zu den Lieblingsbeschäftigungen der Jordanier. Aber wenn es eine Sportart gibt, die unter Jugendlichen populär ist, dann ist es Taekwondo. Das wurde den Jordaniern praktisch von oben verordnet. König Hussein setzte die asiatische Selbstverteidigung 1973 auf das Ausbildungsprogramm der jordanischen Armee. Aber sein Bruder, Prinz Hassan, machte den Sport erst populär: Der frühere Kronprinz besitzt den schwarzen Gürtel 5. Dan und gründete die jordanische Taekwondo-Föderation. In jedem Sportstudio hängt ein Foto des Prinzen im Sportdress – die ultimative Motivation für junge Untertanen.

Von Anreise bis Zoll

Hier finden Sie kurz gefasst die wichtigsten Adressen und Informationen für Ihre Jordanienreise

ANREISE

Lufthansa fliegt fast täglich gegen 21 Uhr von Frankfurt für ca. 600 Euro, teils mit Zwischenstopp in München. Austrian Airlines hat eine zeitlich günstige Verbindung über Wien, KLM bietet oft interessante Preise an. Charterflüge gibt es nicht. Ankunft ist in Amman immer auf dem Queen-Alia-Flughafen, der 32 km außerhalb der Stadt liegt.

Auf dem Landweg ist Jordanien von Israel aus über drei Grenzübergänge (Scheich-Hussein-Brücke, König-Hussein-Brücke – keine Visavergabe – und Wadi Araba zwischen Aqaba und Eilat) oder von Syrien aus über den Übergang Jaber zu erreichen. Von Ägypten können Reisende mit der Fähre oder dem Schnellboot von Scharm-el-Scheich oder Nuweiba übersetzen.

AUSKUNFT

Jordan Tourism Board
– Weserstr. 4, 60329 Frankfurt, Tel. 069/92 31 88 70, Fax 92 31 88 79, jordan@adam-partner.de
– Tunesia Street, Amman, zwischen 4th und 5th Circle, neben dem Duty-Free-Shop, Tel. 06/567 82 94, Fax 567 82 95, www.see-jordan.com; kostenfreies Beschwerdetelefon (auch für Informationen): 080 02 22 28

AUTO

Wer mit dem eigenen Wagen einreist, braucht einen internationalen Führerschein und ein Carnet de Passage. An der jordanischen Grenze muss eine Haftpflichtversicherung abgeschlossen werden. Es besteht Gurtpflicht, Handybenutzung während der Fahrt ist verboten. Bleifreies Benzin ist nur an einigen Tankstellen in Amman zu erhalten. An den Autobahnen gibt es zahlreiche Radarkontrollen (Geschwindigkeitsbeschränkung 110 km/h).

BANKEN & GELD

Die Banken sind So–Do von 8.30 bis 15 Uhr geöffnet. Geld tauschen Sie am günstigsten bei der Bank. Mit Kreditkarten (Visa, Masters und American Express) kann man in Banken und an Automaten Geld abheben und in vielen großen Geschäften und Hotels bezahlen. An Geldautomaten kann auch mit der EC-Karte Geld abgehoben werden.

DIPLOMATISCHE VERTRETUNGEN

Botschaft der Bundesrepublik Deutschland
25, Benghazi Street, Jebel Amman, Tel. 06/593 03 51 und 593 03 67, Fax 592 94 13

Botschaft der Republik Österreich
36, Mithaq al-Fayez Street, nahe 3th Circle, Jebel Amman, Tel. 06/465 79 10, Fax 461 27 25

Botschaft der Schweiz
19, Ibrahim Ayoub Street, nahe 4th Circle, Jebel Amman, Tel. 06/ 593 14 16 und 593 03 75, Fax 593 06 85

EIN- & AUSREISE

Der Reisepass muss am Tag der Einreise noch mindestens sechs Monate gültig sein. Ein Visum bekommen Europäer problemlos im Flughafen in Amman. Für Deutsche kostet es 10 JD, und es muss in jordanischer Währung bezahlt werden. (Neben dem Visaschalter gibt es eine Bank zum Geldwechseln.) Das Visum ist vier Wochen gültig und kann in jeder Polizeistation verlängert werden (sonst bei Ausreise 1,50 JD Strafe für jeden überfälligen Tag). Jeder Reisende muss bei der Ausreise 5 JD bezahlen.

Visa für die Mehrfacheinreise erteilt die jordanische Botschaft in Berlin:

Botschaft des Haschemitischen Königreiches Jordanien
Heerstr. 201, 13595 Berlin, Tel. 030/369 96 00, Visaabteilung Tel. 36 99 60 48, Fax 36 99 60 11, www.jordanembassy.de

FOTOGRAFIEREN

Außer militärischen Anlagen und Palästen der Königsfamilie darf alles fotografiert werden. Menschen müssen Sie vorher um Erlaubnis fragen. Filme gibt es überall, allerdings deutlich teurer als in Europa.

GESUNDHEIT

Besondere Impfungen sind für Jordanien nicht nötig. Leitungswasser ist üblicherweise problemlos trinkbar. Deutsche sollten eine Reisekrankenversicherung abschließen, da die gesetzlichen Krankenkassen die Kosten jordanischer Ärzte und Kliniken nicht übernehmen.

Amman verfügt über hervorragende Ärzte und Krankenhäuser. Für Notfälle zu empfehlen ist das *Arab Center for Heart and Special Surgery (hinter dem Sheraton-Hotel, Tel. 06/592 11 99)*. Behandlungen sind bar zu bezahlen.

Informationen im Internet: *www.fit-for-travel.de*

Was kostet wie viel?

Tee	**0,30 Euro** für ein Glas in der Altstadt
Falafel	**ab 1 Euro** für ein Falafel-Sandwich
Bier	**5,50 Euro** für ein Glas (0,3 l) im Hotel
Wasserpfeife	**ab 12 Euro** als Souvenir in der Altstadt
Taxi	**1,20–2,50 Euro** für eine Stadtfahrt
Tageszeitung	**0,30 Euro** für eine »Jordan Times«

INTERNET

In Jordanien gibt es ausgezeichnete staatliche und private Websites. Die Website der Tourismusbehörde *www.see-jordan.com* gibt Auskunft über Sehenswürdigkeiten, Kultur und Sportadressen sowie viele interessante Informationen für Besucher. Auch das Ministerium für Tourismus und Altertümer hat eine informative Website mit interessanten Links *(www.mota.gov.jo)*. Die offizielle Website König Husseins gibt unter *www.kinghussein.gov.jo/tourism1.html* einen guten Überblick über Sehenswürdigkeiten, Geschichte und Gesellschaft Jordaniens. Unter *www.araboo.com/dir/jordan-events-festivals* erhält man Auskunft über Festivals, Messen und kulturelle Großereignisse.

INTERNETCAFÉS

Internetcafés sind in größeren Städten weit verbreitet. Bei lokalen Providern können Sie Zugangskarten erwerben: *Global One, Tel. 06/569 77 77, Access Me Tel. 06/569 99 90.*

KLEIDUNG

Von April bis Oktober genügen leichte Baumwollkleidung und ein Pullover für die kühlen Nächte. Ein Sonnenhut ist unverzichtbar. Im Winter wird in Amman und im Norden warme Kleidung benötigt. Am Toten Meer und in Aqaba ist es zu dieser Zeit jedoch frühlingshaft warm. Für Wanderungen und die Besichtigung von Petra empfiehlt es sich unbedingt, feste Schuhe einzupacken.

MEDIEN

In den meisten Hotels kann man Satellitenprogramme empfangen. Der zweite jordanische Fernsehsender sendet in englischer und französischer Sprache. Auch Radio Jordan sendet auf FM 96,3 MHz rund um die Uhr in englischer Sprache, und BBC World sendet auf MW 103,1 MHz. Die englischsprachige Tageszeitung »Jordan Times« erscheint täglich außer Sa. Do erscheint die englischsprachige Wochenzeitung »The Star«.

MIETWAGEN

Es gibt zahlreiche internationale Autovermietungen in Jordanien, oft mit Niederlassungen in den großen Hotels. Die Preise liegen bei etwa 35–50 Euro pro Tag. Daneben gibt es lokale Anbieter, die in der Regel ebenfalls zuverlässig sind.

Avis Tel. 06/569 94 20, Budget Tel. 06/569 81 31, Hertz Tel. 06/553 89 58, Dalleh Tel. 06/551 11 12

Angebote für Autovermietungen finden Sie unter *www.marcopolo.de.*

NOTRUF

Polizei Tel. 191, 192
Feuerwehr Tel. 193
Notarzt Tel. 193

ÖFFENTLICHE VERKEHRSMITTEL

Zwischen den meisten jordanischen Städten verkehren Minibusse. Weite Strecken wie nach Petra oder Aqaba werden mehrmals täglich von der staatlichen Busgesellschaft *JETT (Tel. 06/562 12 17 76)* befahren. Die modernen Reisebusse sind billig (Amman – Aqaba 5 JD) und bequem. Sie fahren am 7th Circle und am Abdali-Busbahnhof ab. Zwischen Petra und Aqaba gibt es allerdings nur Taxiverbindungen.

Die einzige Inlandsflugstrecke ist Amman – Aqaba. Täglich zwei Flüge gehen vom Flughafen Marka im Osten der Stadt in Richtung Süden. Die Reise dauert 50 Minuten

Jordanien-Porträts

Lebensbeschreibungen, eine Geschichte aus Amman und jede Menge Fakten

Eine klassische Reiselektüre für Jordanien ist T. E. Lawrence' Autobiografie »Die sieben Säulen der Weisheit«. Der irakischstämmige Schriftsteller Abdelrachman Munif hat in seiner »Geschichte einer Stadt. Eine Kindheit in Amman« die jordanische Hauptstadt in den 1940er-Jahren beschrieben. Kunstvoll verknüpft er die Weltgeschichte mit den Erlebnissen und Eindrücken eines Jungen, der in Amman aufwächst. Allen, die mehr über Politik und Gesellschaft des heutigen Jordanien wissen möchten, sei der Band »Jordanien« (in der Reihe *Länder* des Beck-Verlags) von Olaf Köndgen empfohlen. Die Autobiografie von Königin Noor »Im Geist der Versöhnung. Ein Leben zwischen zwei Welten« schildert das Leben der gebürtigen Amerikanerin zwischen dem Westen und der arabischen Welt.

und kostet für die einfache Strecke 30 JD. Die einzige Bahnstrecke des Landes ist die historische *Hedjazbahn,* die von den Osmanen zu Beginn des 20. Jhs. gebaut wurde. Zweimal wöchentlich verkehrt ein Zug zwischen Amman und Damaskus – er braucht für die ca. 200 km lange Strecke rund acht Stunden *(Auskunft Tel. 06/489 54 13).*

ÖFFNUNGSZEITEN

Ämter und Banken sind Fr und Sa geschlossen, viele Privatunternehmen nur Fr, einige christliche Geschäfte auch So. Manche Geschäfte haben Fr nachmittags geöffnet, Supermärkte (Safeway, Cosmo) rund um die Uhr.

POST

Eine Postkarte nach Deutschland dauert zwischen vier und sechs Tagen und kostet 300 Fils.

PREISE & WÄHRUNG

Der jordanische Dinar wird umgangssprachlich *jaydee* genannt, nach der englischsprachigen Version des Kürzels JD. Ein Dinar ist in 100 Piaster oder 1000 Fils unterteilt. Preise werden of in Fils angegeben. Bekommen Sie also keinen Schreck, wenn eine Packung Zigaretten 800 Fils kostet, das sind 0,80 Dinar. Der Dinar ist an den US-Dollar gebunden und damit stark überbewertet. Entsprechend teuer ist das Reiseland Jordanien.

REISEZEIT

Die besten Reisezeiten sind März bis Mitte Juni und September bis

€	JD
10	8,34
20	16,69
30	25,03
40	33,38
50	41,72
60	50,06
70	58,41
80	66,75
90	75,09

JD	€
10	12,11
20	24,22
30	36,33
40	48,44
50	60,56
60	72,67
70	84,78
80	96,89
90	109,00

November. Im Winter liegt in Amman und im Norden teilweise Schnee, und es ist kalt und teilweise regnerisch. In den Sommermonaten ist es im Süden und am Toten Meer ausgesprochen heiß.

SICHERHEIT

Bei Redaktionsschluss riet das Auswärtige Amt Jordanienreisenden zu besonderer Vorsicht. Bitte beachten Sie die aktuellen Hinweise unter *www.auswaertiges-amt.de.*

STROM

Die Netzspannung beträgt 220 Volt, Stecker mit zwei Rundstiften sind erforderlich.

TAXI

In Amman ist der öffentliche Nahverkehr wenig ausgebaut und das Taxi daher das meistgenutzte Verkehrsmittel. Weiße Sammeltaxis fahren auf festgelegten Routen, die gelben Taxis sind für individuelle Fahrten, und der Fahrpreis wird nach Taxameter berechnet. Auch von Stadt zu Stadt können sich Reisende ein Taxi teilen; hier muss der Preis vorher ausgehandelt werden.

TELEFON & HANDY

Telefonzellen gibt es in Postämtern und Einkaufszentren. Für Ortsgespräche können Sie auch die Telefonanschlüsse in Geschäften benutzen. Nach 22 Uhr sind internationale Anrufe billiger. Handys wählen sich automatisch in das Netz des jeweiligen Partners des Mobilfunkanbieters ein (Mobinil oder Fastlink).

Nationale Auskunft in Amman *Tel. 121,* internationale Auskunft *Tel. 0133* (auch englisch). Vorwahl Jordanien: 00962. Bei Anruf aus dem Ausland lässt man die Null vor der Ortsvorwahl weg, bei Ortsgesprächen auch die Ortsvorwahl. Vorwahl Deutschland 0049, Österreich 0043, Schweiz 0041.

TRINKGELD

Restaurants schlagen 10 Prozent auf die Rechnung auf, dennoch ist ein kleines Trinkgeld für Kellner oder Zimmermädchen angemessen. Für Gepäckträger ist ein halber Dinar üblich. Bei Taxifahrten wird um etwa 300 Fils aufgerundet.

ZEIT

Jordanien ist der mitteleuropäischen Zeit (MEZ) winters und sommers jeweils eine Stunde voraus.

ZOLL

Bei der Einreise sind 200 Zigaretten oder 200 g Tabak sowie zwei Flaschen Wein oder eine Flasche Spirituosen zollfrei, es gibt keine Devisenbeschränkungen. Die Ausfuhr von archäologischen Antiquitäten ist verboten. Zollfreie Mengen in die EU bzw. die Schweiz: 200 Zigaretten oder 50 Zigarren oder 250 g Tabak, 1 l Alkohol über und 2 l Alkohol unter 22 (Schweiz: 15) Prozent, 50 g Parfum und 250 g Eau de Toilette sowie Geschenkartikel und Souvenirs für 175 Euro (100 Franken). *www.zoll-d.de*

Wetter in Amman

	Jan.	Feb.	März	April	Mai	Juni	Juli	Aug.	Sept.	Okt.	Nov.	Dez.
Tagestemperaturen in °C	13	14	17	23	28	31	32	33	31	28	21	15
Nachttemperaturen in °C	4	5	7	10	15	17	19	19	18	14	10	6
Sonnenschein Std./Tag	6	8	10	10	11	14	14	13	12	10	8	6
Niederschlag Tage/Monat	8	8	4	3	1	0	0	0	0	1	4	5

Do you speak English?

»Sprichst du Englisch?«
Dieser Sprachführer hilft Ihnen, die wichtigsten Wörter und Sätze auf Englisch zu sagen

Zur Erleichterung der Aussprache sind alle englischen Wörter mit einer einfachen Aussprache (in eckigen Klammern) versehen.
Folgende Zeichen sind Sonderzeichen:

ə nur angedeutetes »e« wie in bitte
θ [s] gesprochen mit der Zungenspitze zwischen den Zähnen
' die nachfolgende Silbe wird betont

AUF EINEN BLICK

Ja/Nein	Yes [jäs]/No [nəu]
Vielleicht	Perhaps [pə'häps]/Maybe ['mäibih]
Bitte/Danke	Please [plihs]/Thank you ['θänkju]
Gern geschehen.	You're welcome. [joh 'wälkəm]
Entschuldigung!	I'm sorry! [aim 'sori]
Wie bitte?	Pardon? ['pahdn]
Ich verstehe Sie/dich nicht.	I don't understand. [ai dəunt andə'ständ]
Können Sie mir bitte helfen?	Can you help me, please? ['kən ju 'hälp mi plihs]
Guten Morgen!	Good morning! [gud 'mohning]
Guten Abend!	Good evening! [gud 'ihwning]
Guten Tag!	Good morning!/afternoon!/evening! (je nach Tageszeit) [gud 'mohning/ahftə'nuhn/'ihwning]
Hallo! Grüß dich!	Hello! [hə'ləu]/Hi! [hai]
Wie ist Ihr/dein Name?	What's your name? [wots joh 'näim]
Mein Name ist …	My name is … [mai näim is]
Ich komme aus …	I'm from … [aim frəm]
… Deutschland.	… Germany. ['dschöhməni]
… Österreich.	… Austria. ['ohstriə]
… der Schweiz.	… Switzerland. ['switsələnd]
Auf Wiedersehen!	Goodbye! [,gud'bai]/Bye-bye! [,bai'bai]
Tschüss!	See you! [sih ju]/Bye! [bai]
Hilfe!	Help! [hälp]
Rufen Sie bitte …	Please call … ['plihs 'kohl]
… einen Krankenwagen.	… an ambulance. [ən 'ämbjuləns]
… die Polizei.	… the police. [θə pə'lihs]

Wie viel Uhr ist es?	What time is it? [wot 'taim‿is‿it]
heute/morgen	today [tə'däi]/tomorrow [tə'morəu]

UNTERWEGS

Bitte, wo ist …	Excuse me, where's … [iks'kjuhs 'mih 'weəs]
… der Bahnhof?	… the station? [θə 'stäischn]
… der Flughafen?	… the airport? [θə 'eəpoht]
… die Haltestelle?	… the stop? [θə stəp]
… der Taxistand?	… the taxi rank? [θə 'täksiränk]
Bus/Fähre/Zug	bus [bas]/ferry ['färi]/train [träin]
Können Sie mir bitte sagen, wie ich nach … komme?	Could you tell me how to get to …, please? ['kud‿ju 'täl me hau tə gät tə ... plihs]
Gehen Sie geradeaus.	Go straight on. [gəu sträit 'on]
Gehen Sie nach links/rechts.	Turn left/right. [töhn 'läft/'rait]
Erste/Zweite Straße links/rechts.	The first/second street on the left/right. [θə 'föhst/'säknd striht on θə 'läft/'rait]
nah/weit	near [niə]/far [fah]
Überqueren Sie …	Cross … ['kros]
… die Brücke.	… the bridge. [θə 'bridsch]
… die Straße.	… the street. [θə 'striht]
… den Platz.	… the square. [θə 'skweə]
Ich möchte … mieten.	I'd like to hire … [aid' laik tə 'haiə]

Arabisch

Für alle Fälle: das Wichtigste in der Landessprache

Ja./Nein.	na'am/la oder: kalla	نعم/لا، كلا
Bitte./Danke.	min fadlak/schukran	من فضلك/شكرا
Entschuldigung!	'afwan	عفوا
Guten Tag!/Guten Abend!	sabba l-chair/masa l-chair	صباح الخير/مساء الخير
Auf Wiedersehen!	ma'a s-salama	مع السلامه
Ich heiße ...	ismi ...	اسمي
Ich komme aus ...	ana min ...	انا من
... Deutschland.	... almania	المانيا
... Österreich./Schweiz.	... al nimsa/swizera	النمسا/سويسرا
Ich verstehe Sie nicht.	ana la afhamuka [ki]	انا لا افهمك
Wie viel kostet es?	kam jukallif dhalika	كم يكلّف ذلك
Bitte, wo ist...?	'afwan aina ...	عفوا اين

1	wahid	(واحد)١	5	chamsa	(خمسة) ٥	9	tis'a	(تسعة) ٩
2	itnan	(اثنان) ٢	6	sitta	(ستّة) ٦	10	'aschra	(عشرة) ١٠
3	talata	(ثلاثة) ٣	7	sab'a	(سبعة) ٧	20	'ischrun	(عشرون) ٢٠
4	arba'a	(اربعة) ٤	8	tamanija	(ثمانية) ٨	100	mia	(مئة) ١٠٠

... ein Auto ...	... a car. [ə 'kah]
... ein Fahrrad ...	... a bike. [ə 'baik]
... ein Boot ...	... a boat. [ə 'bəut]
Wo ist die nächste Tankstelle?	Where's the nearest petrol station? ['weəs θə 'niərist 'pätrəlstäischn]
Ich habe eine Panne.	My car's broken down. [mai 'kahs 'brəukn 'daun]
Der Wagen springt nicht an.	The car won't start.
Die Batterie ist leer.	The battery is flat. [θə 'bätəri is flät]
Gibt es hier in der Nähe eine Werkstatt?	Is there a garage nearby? ['is θeə‿ə 'gärahdsch 'niərbai]
offen/geschlossen	open ['əupn]/closed [kləusd]
drücken/ziehen	push [pusch]/pull [pull]
Eingang/Ausgang	entrance ['äntrəns]/exit ['ägsit]
Wo sind bitte die Toiletten?	Where are the restrooms, please? ['weərə θə restruhms plihs]
Damen/Herren	Ladies ['läidies]/Gentlemen ['dschäntlmən]

ESSEN & TRINKEN

Die Speisekarte, bitte.	May I have the menu, please. ['mäi ai häw θə 'mänjuh plihs]
Ich nehme ...	I'll have ... [ail häw]
Bitte ein Glas ...	A glass of ..., please [ə 'glahs‿əw ... plihs]
Besteck	cutlery ['katləri]
Messer/Gabel/Löffel	knife [naif]/fork ['fohk]/spoon ['spuhn]
Vorspeise	hors d'œuvre [oh'döhwr]/starter ['stahtə]
Hauptgericht	main course ['mäin 'kohs]
Nachspeise	dessert [di'söht]/sweet [swiht]
Salz/Pfeffer	salt [sohlt]/pepper ['päpə]
scharf	hot [hot]
Ich bin Vegetarier/in.	I'm a vegetarian. [aim a ,wädschi'teəriən]
Trinkgeld	tip [tip]
Die Rechnung, bitte.	May I have the bill, please? ['mäi ai häw θə 'bil plihs]

EINKAUFEN

Wo finde ich ...	Where can I find ... ['weə 'kən‿ai 'faind]
... eine Apotheke?	... a chemist? [ə 'kämist]
... eine Bäckerei?	... a bakery? [ə bäikəri]
... ein Kaufhaus?	... a department store? [ə di'pahtmənt stoh]
... ein Lebensmittelgeschäft?	... a food store? [ə 'fuhd stoh]
... einen Markt?	... a market? [ə 'mahkit]
Haben Sie ...?	Have you got ...? ['həw ju got]
Ich möchte ...	I'd like ... [aid 'laik]
Ein Stück hiervon, bitte.	A piece of this, please. [ə pihs əw θis plihs]

Eine Einkaufstüte, bitte.	A bag, please. [ə bäg plihs]
Das gefällt mir (nicht).	I (don't) like it. [ai (dəunt) laik‿it]
Wie viel kostet es?	How much is it? ['hau 'matsch is it]
Nehmen Sie Kreditkarten?	Do you take credit cards? [du‿ju täik 'kräditkahds]

ÜBERNACHTEN

Ich habe bei Ihnen ein Zimmer reserviert.	I've reserved a room. [aiw ri'söhwd‿ə 'ruhm]
Haben Sie noch Zimmer frei?	Have you got any vacancies? [həw ju got‿,äni 'wäikənsis]
ein Einzelzimmer	a single room [ə 'singl ruhm]
ein Doppelzimmer	a double room [ə 'dabl ruhm]
mit Dusche/Bad	with a shower/bath [wiθ ə 'schauə/'bahθ]
Was kostet das Zimmer?	How much is the room? ['hau 'matsch is θə ruhm]
Frühstück	breakfast ['bräkfəst]
Halbpension/Vollpension	half board ['hahf' bohd]/full board ['ful bohd]

PRAKTISCHE INFORMATIONEN

Können Sie mir einen Arzt empfehlen?	Can you recommend a doctor? [kən ju ,räkə'mänd ə 'doktə]
Ich habe hier Schmerzen.	I've got pain here. [aiw got päin 'hiə]
Ich habe Durchfall.	I've got diarrhoea. [aiw got daiə'riə]
Kinderarzt	pediatrician [,pihdiə'trischn]
Zahnarzt	dentist ['däntist]
Eine Briefmarke, bitte.	One stamp, please. [wan stämp 'plihs]
Postkarte	postcard [pəuskahd]
Wo ist bitte …	Where's … , please? ['weəs ... plihs]
… die nächste Bank?	… the nearest bank … [θə 'niərist 'bänk]
… der nächste Geldautomat?	… the nearest cashpoint … [θə 'niərist 'käschpoint]

ZAHLEN

1	one [wan]	11	eleven [i'läwn]
2	two [tuh]	12	twelve [twälw]
3	three [θrih]	20	twenty ['twänti]
4	four [foh]	50	fifty ['fifti]
5	five [faiw]	100	a (one) hundred [ə ('wan) 'handrəd]
6	six [siks]	200	two hundred ['tuh 'handrəd]
7	seven ['säwn]	500	five hundred ['faiw 'handrəd]
8	eight [äit]	1000	a (one) thousand [ə ('wan) 'θausənd]
9	nine [nain]	1/2	a half [ə 'hahf]
10	ten [tän]	1/4	a (one) quarter [ə ('wan) 'kwohtə]

Reiseatlas Jordanien

Die Seiteneinteilung für den Reiseatlas finden Sie auf dem hinteren Umschlag dieses Reiseführers

Kartenlegende Reiseatlas

18 26	Autobahn mit Anschlussstellen Motorway with junctions
	Autobahn in Bau Motorway under construction
	Mautstelle Toll station
	Raststätte mit Übernachtung Roadside restaurant and hotel
	Raststätte Roadside restaurant
	Tankstelle Filling-station
	Autobahnähnliche Schnellstraße mit Anschlussstelle Dual carriage-way with motorway characteristics with junction
	Fernverkehrsstraße Trunk road
	Durchgangsstraße Thoroughfare
	Wichtige Hauptstraße Important main road
	Hauptstraße Main road
	Nebenstraße Secondary road
	Fernverkehrsbahn Main line railway
	Autozug-Terminal Car-loading terminal
	Bergbahn Mountain railway
	Kabinenschwebebahn Aerial cableway
	Sessellift Chair-lift
	Eisenbahnfähre Railway ferry
	Autofähre Car ferry
	Schifffahrtslinie Shipping route
	Landschaftlich besonders schöne Strecke Route with beautiful scenery
Alleenstr.	Touristenstraße Tourist route
XI-V	Wintersperre Closure in winter
	Straße für Kfz gesperrt Road closed to motor traffic
8%	Bedeutende Steigungen Important gradients
	Für Wohnwagen nicht empfehlenswert Not recommended for caravans
	Für Wohnwagen gesperrt Closed for caravans

Temple of Hibis	Sehenswürdigkeit Object of interest
	Badestrand Bathing beach
	Besonders schöner Ausblick Important panoramic view
	Ausflüge & Touren Excursions & tours
	Nationalpark, Naturpark National park, nature park
	Sperrgebiet Prohibited area
	Kirche, Kloster Church, Monastery
	Moschee Mosque
	Kasbah, Maraboutgrabmal Kasba, Tomb Marabout
	Schloss, Burg Palace, castle
	Ruinen Ruins
	Leuchtturm, Turm Lighthouse, Tower
	Maurische Burg Moorish castle
	Höhle, Monument Cave, Monument
	Ausgrabungsstätte Archaeological excavation
	Feriendorf Tourist colony
	Ort mit Wochenmarkt (Souk) Place with weekly market (souk)
	Jugendherberge, Motel Youth hostel, Motel
	Allein stehendes Hotel Isolated hotel
	Berghütte, Forsthaus Refuge, Forestry house
	Campingplatz Camping site
	Palmenhain Grove of palm-trees
	Flughafen, Flugplatz Airport, Airfield
	Staatsgrenze National boundary
	Verwaltungsgrenze Administrative boundary
	Grenzkontrollstelle Check-point
	Grenzkontrollstelle mit Beschränkung Check-point with restrictions
AL-QĀHIRA	Hauptstadt Capital
ASWĀN	Verwaltungssitz Seat of the administration

A
B
C
1
2
3
4
5
6
Sakhnin
Karmi'el
Maghār
Ma'on
Yam
Gamla
Rujm el-Hiri
Yodefat
Tamra
'Arrāba
Ginnosar
Hefar Naḥum (Capernaum)
Bab al-Hawā
Migdal
Kinneret
Qarné Hittim
Arbel
Teverya
'En Gev
Fiq
Ābidīn
Tira
YIŚRĀ'EL
Kafr Kanna
Kefar Haruv
Nahr al-Yarmūk
Nazerat 'Illit
Nazerat
Kinneret
HaOn
Ma'agan
Ḥālid Ibn al-Walīd
'Aqraba
Deganya A
al-Muḥayba
Ḥartā
al-Yarmūk
Har Tavor
Kefar Tavor
Malkā
Ḥubrās
Migdal Ha'Emeq
al-'Adasiya
Gadara
Yublā
aš-Šaǧara
Umm Qais
Balad al Manšūra
al-'Āl
aṭ-Ṭurra
'Afula 'Illit
Gesher
Wādī Araba
Šaydūr
Marw
'Afula
Giv'at HaMore
Ma'ād
Faw'ara
al-Muġayyir
Newe Ur
Ǧiǧǧīn
Sawm
Ḥakamā
'En Harod
Yizre'el
Samaḥ
al-Manšiya
Qumaym
al-Jum'ah
Sāl
IRBID
Rummāna
Šayh Ḥusayn Bridge
Waqqās
Kafr Yūbā
Ḥawwāra
ar-
Galama
Ǧalbūl
Tall al-Arba'in
aṭ-Ṭayyiba
Sammū
Kafr 'Ān
as-Samt
Nātifa
Aydūn
aṣ-Ṣarīḥ
Yarmouk Univer
Ǧanīn
Ma'ale Gilboa'
Bet She'an
al-Ḥiṣāna
Kafr Dān
Dair Abū Sa'īd
Ḥirbat al-Kufayrāt
Tel Rehov
Revava
Pella
Kafr Rākib
al-Mazār
Ḥirbat ad-Dahma'
Būrayn
Qabāṭīyah
Ṭabaqat Faḥl
Riḥābā
Bayt Idis
Kitim
an-Nu'ayyim
'Arrāba
az-Zabadānī
Šaṭana
Fā'
Bardala
Ḥalāwa
Bā'ūn
Irbid
Ǧaykara
Kafr Ḥall
Fāra
Awšaran
'Aǧlūn ('Ajlun)
Istafayna
'Ibbīn
Qafqafā
Qal'at ar-Rabad
Ṭayāsīr
Ṭūbās
Rotem
Kurayyima
Ḥirbat al-Wahādima
Anjara
Sūf
Nārida
Burǧ al-Mālih
Dair al-Liyāt
Shomeron (Sebaste)
Kufrinja
Sākib
al-Madwar
Raymūn
Ǧaraša (Jerash)
Umm Qantara
Beqa'ot
Rāǧu
Ḥirbat al-Ḥusayniyāt
Dibbīn
Har Kabbir
al-Qunayya
NĀBULUS
Burmā
'Abbāra
Ṭawāḥin al-'Udwān
Marj an-Na'ja
Dair 'Allā
al-Maṣṭaba
Nahr az-Zarqā'
(Aut. Reg.)
Argaman
Sūmiya
al-Massara
Mekhora
Mutallat al-'Arida
aš-Šubayhī
ar-Rummān
Ṣarrūt
Kafar Tappuaḥ
Massu'a
Gawr as-Ṣiqāq
Siḥān
Mursī
al-Kamša
aš-Šuhna
'Aqraba
Dāmiyā
Mutallat al-Misri
Zayy National Park
ar-Rumaymīn
Mūbis
Migdallim
Gittit
Dāmiyā Bridge
an-Nabī Yūša'
Umm Gawza
Ḥirbat Badrān
Shillo
Ma'alé Efrayim
Nabī Yūša' Tomb
Baq'a
Abū Nuṣayr
Sinjil
al-Fuḥays
Ṣuwailiḥ
al-Ǧubayha
Gilgal
al-Ḥummar
Yāǧūz
'Irā
Māḥiṣ
Yarqā
Tila al-'Alī
an-Nuwayǧis
'Ofra
Yitav
al-Karāma
WĀDĪ S-SĪR
Philadelphia
'AM
Dair Dibwān
Wādī Šu'ayb
Bīra
No'omi
Šunat Nimrīn
Šu'ayb Dam
'Irāq al-Amīr
Muḫmās
Nu'eima
Wādī l-Kafrayn
Nā'ūr
Mevasseret Ziyyon
Saint George's Monastery
Allenby Bridge
al-Kafrayn
Tall al-Ḥarrār
al-'Adasiya
Umm al-Kundum
Sa
(Jerusalem)
Kafrayn Dam
Umm al-Qanāfid
Mizpe Yeriḥo
YERUSHALAYIM (al-Quds)
Tulaylāt al-Ġassūl
Ḥisbān
aṭ-Ṭunayb
ad-Duha
Ma'alé Adummim
King Abdullah Bridge
Suwaima
as-Sāmik
Umm al-'Amad
Qaṣr al-Mušat
Siyāǧa
Kufayr al-Waḥyān
Talya
Ǧabal Nabā (Mount Nebo)
Mānǧā
Bayt Laḥm
al-'Ubayd
Mār Sābā
al-Qawāī'iya
al-Qasṭal
al-Fayḥa'
Bayt Sāḥūr
Mādabā
Ḥawwāra
Zuwayza
al-Ǧīza
Tuqū'
Herodion
Ma'in
Sufa
Natl
Dulaylat al-Mutayrat
Dulaylat al-Ḥamā'ida
Jordan River (Nahr al-Urdunn)
King Abdullah Canal
Qanat al-Ġawr
Nahr al-Urdunn
Yarmouk
Yarmo
110

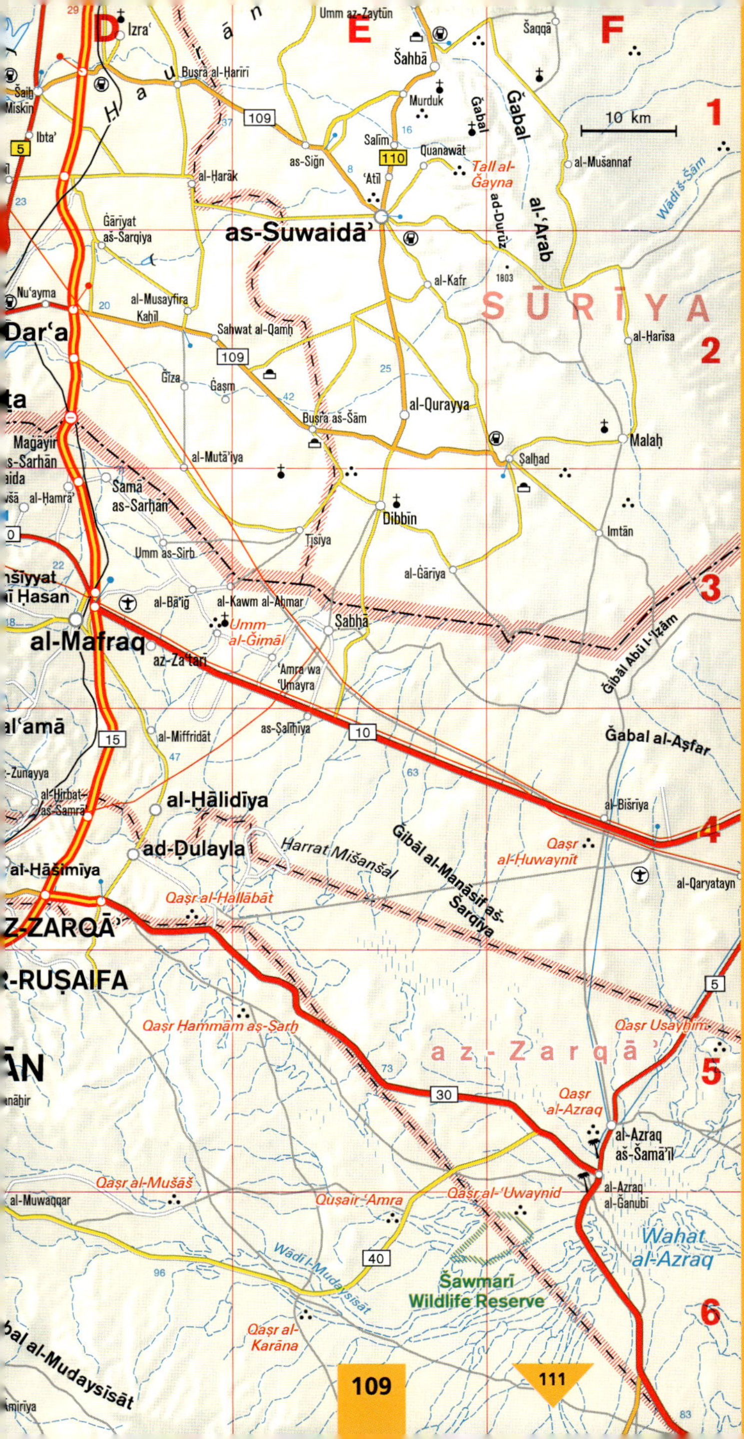
D
E
F
1
2
3
4
5
6
10 km
Izra'
Umm az-Zaytūn
Šahbā
Šaqqā
Ḥauran
Buṣrā al-Ḥarīrī
Šaiḫ Miskīn
Ibta'
Murduk
Ǧabal
Ǧabal al-'Arab
Salīm
Quanawāt
as-Siǧn
'Atīl
Tall al-Ǧayna
ad-Durūz
al-Mušannaf
Wadi š-Šām
al-Ḥarāk
Ġāriyat aš-Šarqiya
as-Suwaidā'
1803
al-Kafr
Nu'ayma
al-Musayfira
Kaḥīl
Ṣahwat al-Qamḥ
SŪRĪYA
al-Ḥarīsa
Dar'a
Ǧīza
Ġaṣm
al-Qurayya
Buṣrā aš-Šām
Malaḥ
Ṣalḫad
al-Mutā'iya
Sama as-Sarḥān
Dibbīn
Imtān
Umm as-Sirb
Tīsiya
al-Ġāriya
al-Ba'iǧ
al-Kawm al-Aḥmar
Umm al-Ǧimāl
Ṣabḥā
al-Mafraq
az-Za'tarī
'Amra wa 'Umayra
Ǧibāl Abū l-'Iẓām
as-Ṣāliḥiya
al-Miffridāt
Ǧabal al-Aṣfar
al-Ḫālidīya
al-Ḫirbat as-Samrā'
al-Bišriya
ad-Ḍulayla
Harrat Mišanšal
Ǧibāl al-Manāsif aš-Šarqiya
Qaṣr al-Ḥuwaynīt
al-Qaryatayn
al-Hāšimīya
Qaṣr al-Hallābāt
Z-ZARQĀ'
R-RUṢAIFA
Qaṣr Ḥammām as-Sarḥ
Qaṣr Usayḫim
az-Zarqā'
Qaṣr al-Azraq
al-Azraq aš-Šamā'il
al-Azraq al-Ǧanubī
Qaṣr al-Mušāš
al-Muwaqqar
Quṣair 'Amra
Qaṣr al-'Uwaynid
Wahat al-Azraq
Wādī l-Mudaysisāt
Šawmarī Wildlife Reserve
Qaṣr al-Karāna
Ǧabal al-Mudaysīsāt
109
110
5
15
10
30
40

111

A
B
C
108
Bayt Sahur
Tuqū'
Bayt Fajjār
(Aut. Reg.)
Ḥalḥūl
Qiryat Arba'
Bani Na'im
Rujm an-Naqa
Mizpé Shalem
Pene Hever
Yatta
Karmil
'En Gedi
Ḥamme Mazor
Mezada
'Arad
Kuseifa
Cape Molyneux
Ḥamme Zohar
Newe Zohar
Sedom
Dead Sea Works
Mezad Tamar
YIŚRĀ'EL
Ne'ot HaKikkar
'Ir Ovot
'Iddan
Ḥazeva
'En Yahav
Sappir
Zofar
Zukkim
Baḥr al-Mayyit
Dead Sea
al-Lisān
Ra's al-Ġawr
al-Mazra'a
Ġawr al-Mazra'
Salt
Pans
Ġawr aṣ-Ṣāfī
Qaṣr aṭ-Ṭilā
Wādī Hunayzir
Quraygira
Wādī l-Fidān
Wādī l-'Araba
Wādī l-Buwayrida
Ḫirbat al-Baydā'
Ma'īn
Sufa
Natl
Dulaylat al-Mutayrat
Dulaylat al-Ḥamā'ida
Ḥammāmāt Ma'īn
Wādī Zarqā' Ma'īn
Machaerus
'Atarūz
Mukāwir
al-Qurayyāt
Mulaiḥ
Barza
Qaṣr al-Mešneqe
al-Ġudayyida
Umm Suġayra
al-Ġarbiya
as-Suqayq
Wādī l-Mūġib
Ariḥā
Muġayyir
Fuqū'
Imra'
as-Samrā'
Tariq as-Sulṭānī
Ṣirfa
Ḫirbat Magdalayn
al-Qaṣr
as-Simākya
al-Ġadīda
al-Yārūt
ar-Rabba
Wādī al-Karak
Batir
Rākīn
al-Ġudayyida
al-Laġġūn
Sakka
al-'Adasīya
Adir
Ġabal al-'Ārud
al-Karak
aṭ-Ṯanīya
al-Ka
'Ayy
Katrabbā
Mu'ta
Mirwad
al-'Irāq
Ḫinzira
al-Mazār
Sūl
Sad as
aṭ-Ṭayyiba
al-'Amaqa
Umm Ḥamāṭ
Dulayqa
al-Ḥusayniya
Ḏāt Ra's
al-Aynā
Ḫirbat aṭ-Tannūr
Bahlūl
al-La'bān
'Ayma
aṭ-Ṭafīla
Abū Ṣawka
al-'Īs
Ġabal al-'Izām
Ṣinifḥa
an-Namata
'Abūr
Qaṣr al-Bāšā
as-Sil'
'Ain al Baydā'
Buṣayrā
ar-Rašādīya
Qaṣr al-Bint
aṭ-Ṭafīla
Ḍānā
al-Qādisīya
Ġibāl al-'Āḏirīyāt
Ġabal Ur Riğām
Wādī Burma
al-Manṣūra
al-Ḥusayniya
Mukāri'iya
Abū Maḥtūb
Mons Realis
aš-Šawbak
Niğil
al-Ḥāžimīya
Wādī l-Halīla
Bi'r Ḫidād
al-Muihammadiya
al-Manšīya
112
110

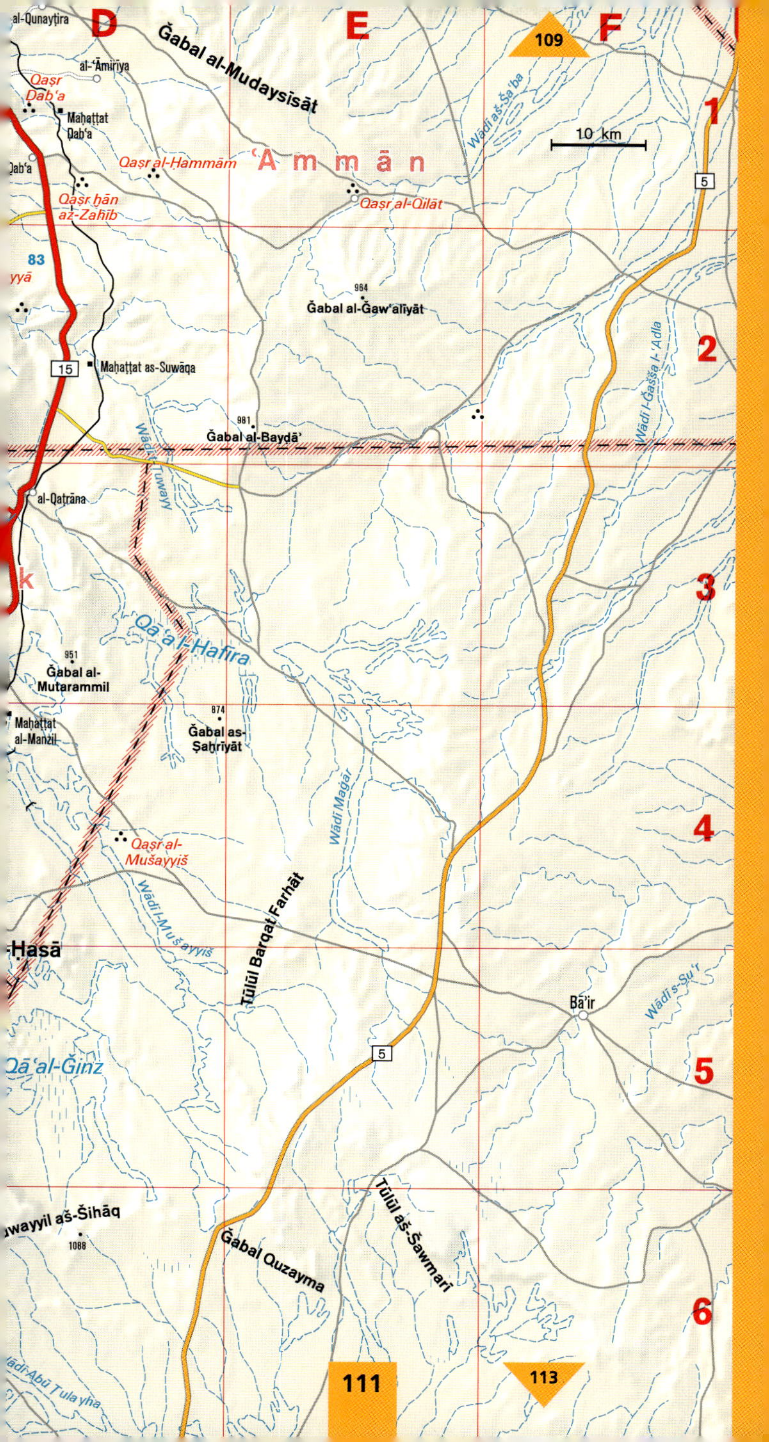

D
E
F
109
1
2
3
4
5
6
al-Qunayṭira
Ǧabal al-Mudaysīsāt
al-ʿĀmiriya
Qaṣr Dabʿa
Maḥaṭṭat Dabʿa
Dabʿa
Qaṣr al-Ḥammām
ʿAmmān
Qaṣr al-Qilāt
Qaṣr ḫān az-Zahīb
Wādī aš-Šaʿba
10 km
83
964
Ǧabal al-Ǧawʿalīyāt
Maḥaṭṭat as-Suwāqa
15
5
981
Ǧabal al-Bayḍāʾ
Wādī l-Ǧašša l-ʿAdla
Wādī Tuwayy
al-Qaṭrāna
Qāʿal-Ḥafīra
951
Ǧabal al-Mutarammil
874
Ǧabal as-Ṣaḥrīyāt
Maḥaṭṭat al-Manzil
Wādī Maġār
Qaṣr al-Mušayyiš
Wādī l-Mušayyiš
Tulūl Barqat Farḥāt
Ḥasā
Baʾir
Wādī s-Suʿr
Qāʿal-Ǧinz
Ǧabal Quzayma
Tulūl aš-Šawmarī
1088
111
113

110

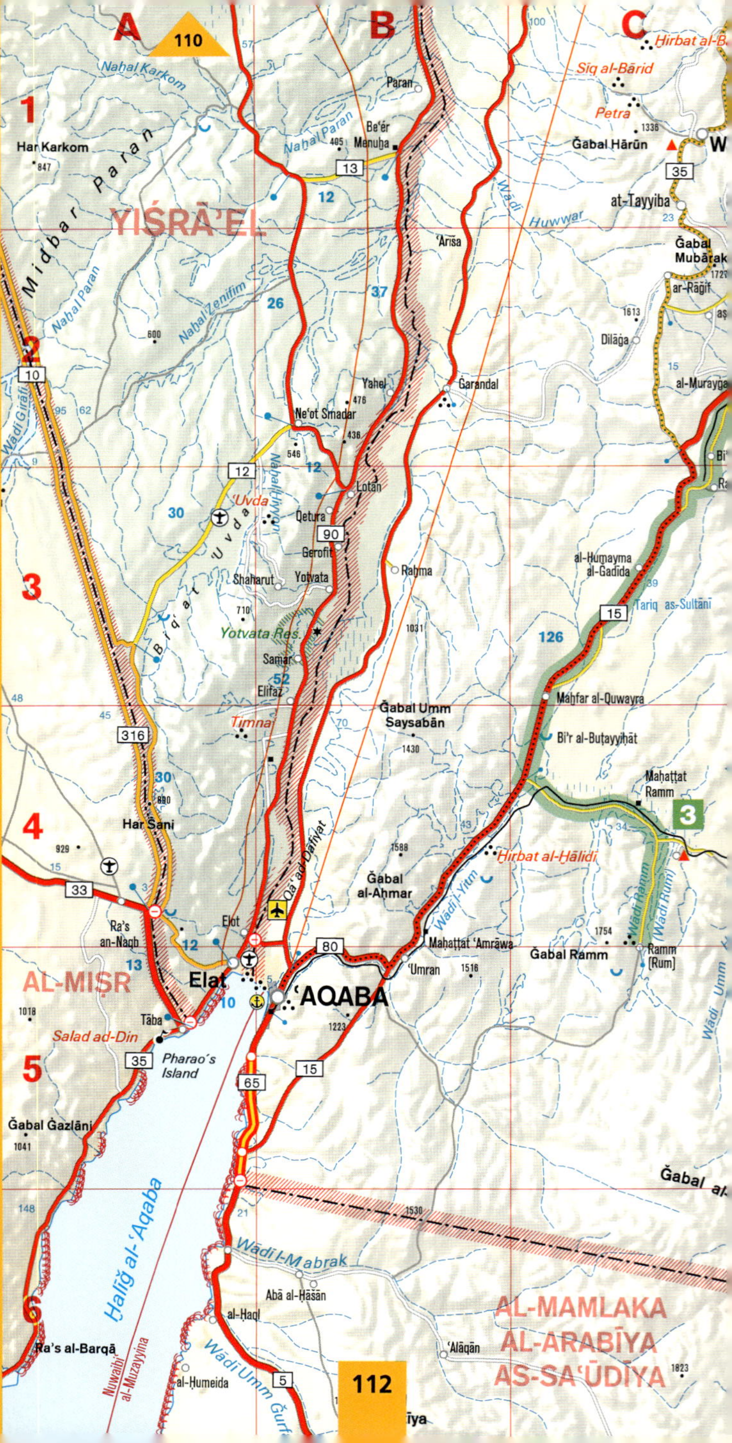
A
B
C
1
2
3
4
5
6
Ḫirbat al-B
Sīq al-Bārid
Petra
Ǧabal Hārūn
Paran
Be'ēr Menuḥa
Nahal Karkom
Har Karkom
847
Midbar Paran
Nahal Paran
YIŚRĀ'EL
13
12
35
at-Tayyiba
Ǧabal Mubārak
1727
ar-Rāǧif
1613
Dilāġa
Wādī Ḥuwwar
'Arīsa
Naḥal Zenifim
26
37
600
10
Wādī Ġirāfī
95
62
Ġarandal
Yahel
476
Ne'ot Smadar
436
546
al-Murayġa
Naḥal Ḥiyyon
Lotan
'Uvda
30
Qetura
90
Gerofit
Raḥma
Biq'at 'Uvda
Shaharut
Yotvata
710
Yotvata Res.
al-Ḥumayma al-Ǧadīda
Ṭarīq as-Sulṭānī
15
126
1031
Samar
52
Elifaz
48
45
Timna
Ǧabal Umm Saysabān
1430
70
Maḥfar al-Quwayra
Bi'r al-Buṭayyiḥāt
316
890
Mahaṭṭat Ramm
3
Har Sani
929
Qā' ad-Dafiyat
1588
Ḫirbat al-Ḫālidī
Wādī Ramm
(Wādī Rum)
33
Ǧabal al-Aḥmar
Wādī l-Yitm
Ra's an-Naqb
Elot
80
Maḥaṭṭat 'Amrāwa
1754
Ǧabal Ramm
Ramm (Rum)
13
'Umran
1516
AL-MIṢR
Elat
'AQABA
1018
Ṭāba
1223
Salad ad-Din
Pharao's Island
65
Ǧabal Ġazlānī
1041
Ǧabal al-
148
1530
21
Ḫalīǧ al-'Aqaba
Wādī l-Mabrak
Abā al-Ḥāsan
al-Ḥaql
AL-MAMLAKA AL-ARABĪYA AS-SA'ŪDĪYA
'Alāqān
Ra's al-Barqā
1823
Nuwaibi' al-Muzayyina
al-Ḥumeida
Wādī Umm Ǧurfī
5

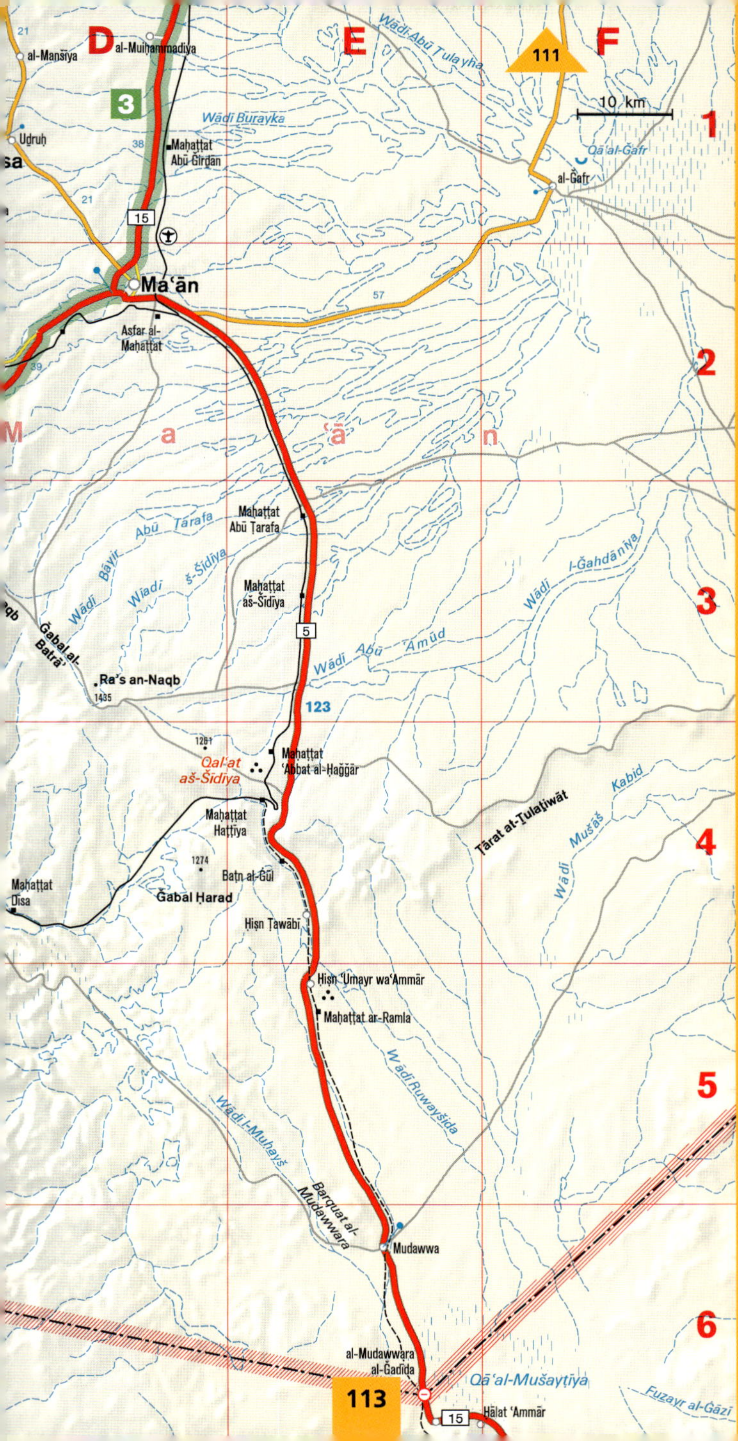
D
E
F
111
10 km
1
2
3
4
5
6
al-Mansīya
al-Muḥammadiya
Udruḥ
3
Wādī Abū Tulayha
Wādī Burayka
Maḥaṭṭat Abū Ǧirdān
Qāʿ al-Ǧafr
al-Ǧafr
15
Maʿān
57
Asfar al-Maḥaṭṭat
21
38
39
M a ʿā n
Maḥaṭṭat Abū Ṭarafa
Wādī Bayir
Wādī Abū Ṭarafa
Wādī š-Šidīya
Maḥaṭṭat aš-Šidīya
Wādī l-Ǧahdānīya
Ǧabal al-Baṭrā'
Ra's an-Naqb
1435
5
Wādī Abū ʿAmūd
123
1261
Qalʿat aš-Šidīya
Maḥaṭṭat ʿAbbat al-Ḥaǧǧār
Ṭārat at-Ṭulaṭiwāt
Wādī Mušāš Kabid
Maḥaṭṭat Haṭṭiya
1274
Baṭn al-Ǧūl
Maḥaṭṭat Disa
Ǧabal Ḥarad
Ḥiṣn Ṭawābī
Ḥiṣn ʿUmayr wa ʿAmmār
Maḥaṭṭat ar-Ramla
Wādī Ruwayšida
Wādī l-Muhayṣ
Barquat al-Mudawwara
Mudawwa
al-Mudawwara al-Ǧadīda
Qāʿ al-Mušayṭiya
Fuzayr al-Ǧāzī
Ḥālat ʿAmmār
15

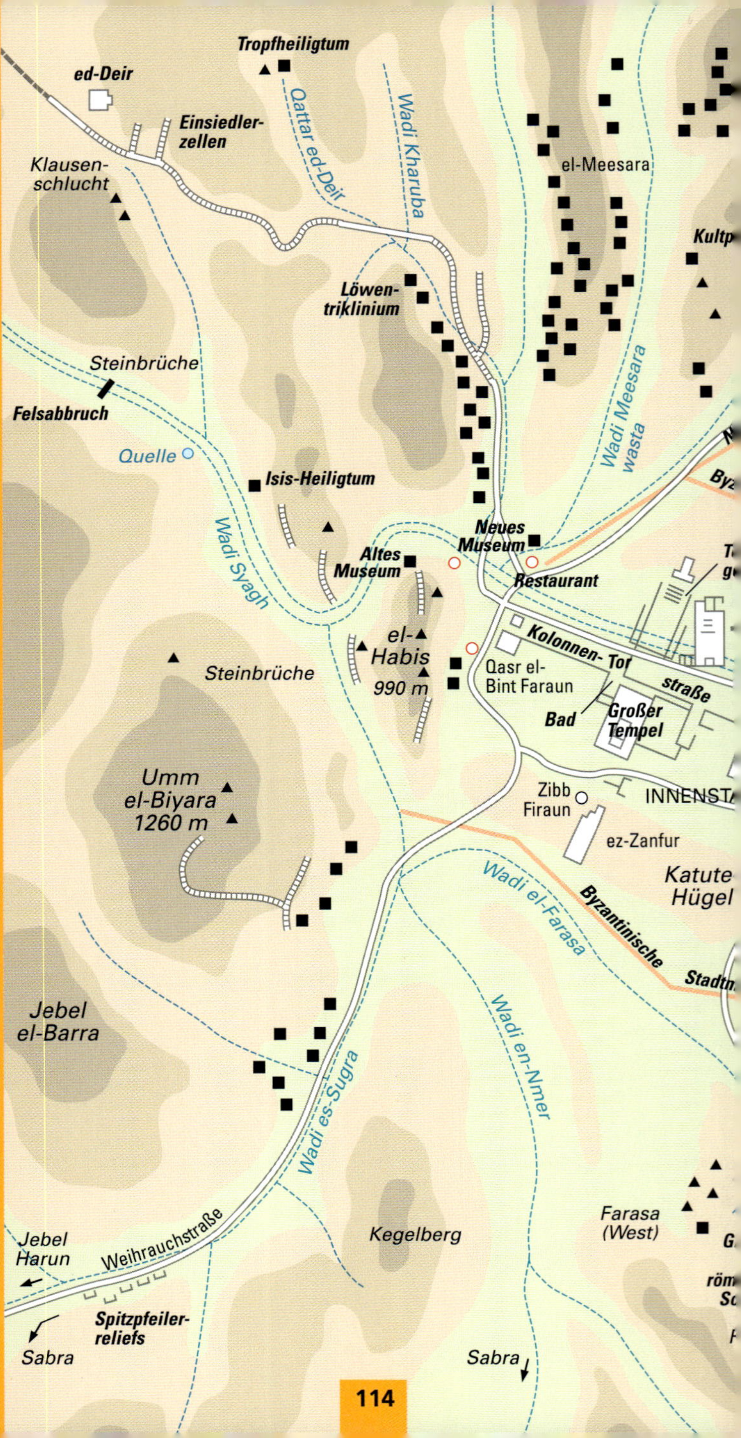
Tropfheiligtum
ed-Deir
Einsiedler-
zellen
Klausen-
schlucht
Qattar ed-Deir
Wadi Kharuba
el-Meesara
Kultp
Löwen-
triklinium
Steinbrüche
Felsabbruch
Quelle
Wadi Meesara
wasta
Isis-Heiligtum
Neues
Museum
Altes
Museum
Restaurant
Wadi Syagh
el-
Habis
990 m
Kolonnen-
straße
Tor
Qasr el-
Bint Faraun
Bad
Großer
Tempel
Steinbrüche
Umm
el-Biyara
1260 m
Zibb
Firaun
INNENST
ez-Zanfur
Katute
Hügel
Wadi el-Farasa
Byzantinische
Stadtm
Jebel
el-Barra
Wadi es-Sugra
Wadi en-Nmer
Farasa
(West)
Kegelberg
Jebel
Harun
Weihrauchstraße
Spitzpfeiler-
reliefs
Sabra
Sabra

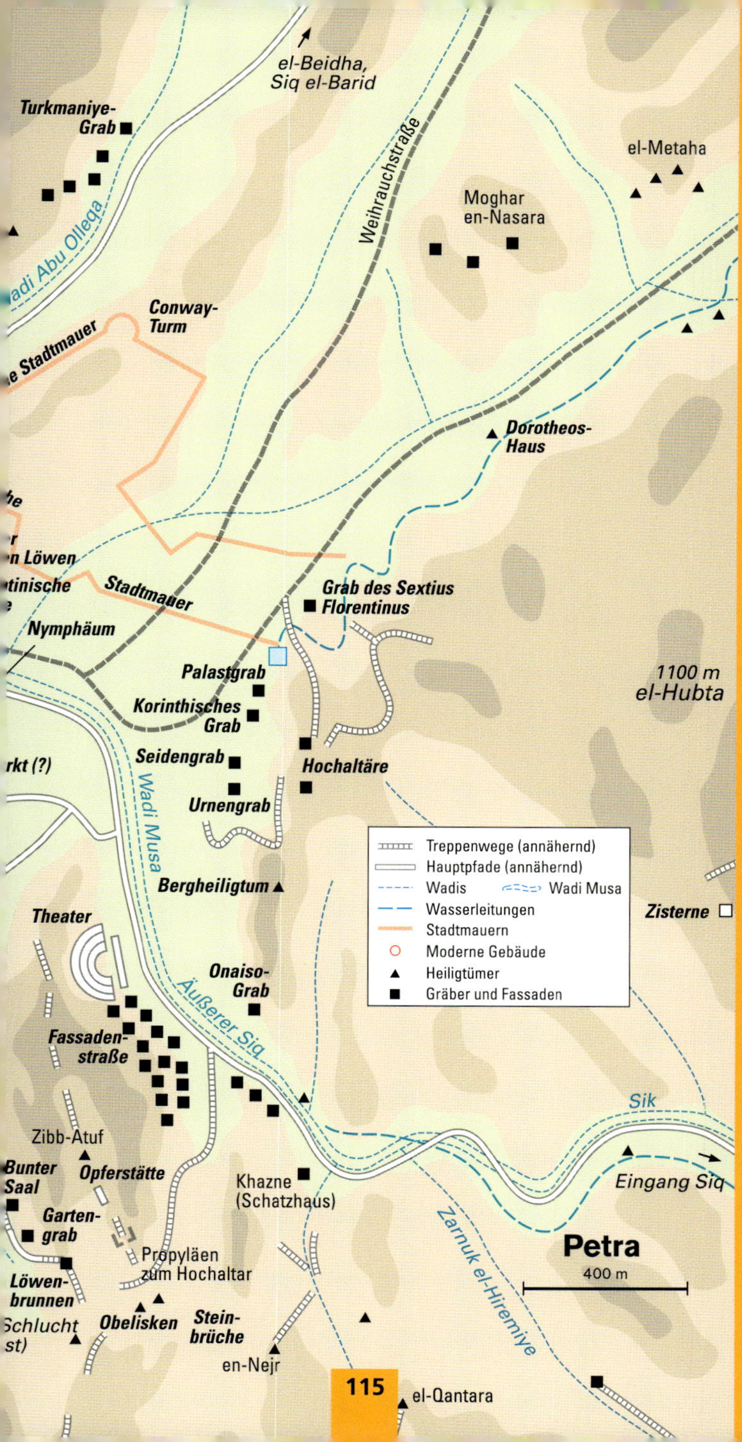
el-Beidha,
Siq el-Barid
Turkmaniye-
Grab
Wadi Abu Olleqa
Weihrauchstraße
el-Metaha
Moghar
en-Nasara
Conway-
Turm
Stadtmauer
Dorotheos-
Haus
Löwen
Stadtmauer
Grab des Sextius
Florentinus
Nymphäum
Palastgrab
1100 m
el-Hubta
Korinthisches
Grab
Seidengrab
Hochaltäre
Wadi Musa
Urnengrab
Treppenwege (annähernd)
Hauptpfade (annähernd)
Wadis
Wadi Musa
Wasserleitungen
Stadtmauern
Moderne Gebäude
Heiligtümer
Gräber und Fassaden
Bergheiligtum
Zisterne
Theater
Onaiso-
Grab
Äußerer Siq
Fassaden-
straße
Sik
Zibb-Atuf
Bunter
Saal
Opferstätte
Khazne
(Schatzhaus)
Eingang Siq
Garten-
grab
Zarnuk el-Hiremiye
Petra
400 m
Propyläen
zum Hochaltar
Löwen-
brunnen
Obelisken
Stein-
brüche
en-Nejr
el-Qantara